디트리히 본회퍼 Dietrich Bonhoeffer, 1906-1945

독일 고백교회의 목사이자 신학자,
히틀러 암살 계획의 실패로 처형당한 그리스도인.
『나를 따르라』,『옥중서신』,『신도의 공동생활』
"그 선한 힘이 우릴 감싸시니 믿음으로 일어날 일 기대하네.
주 언제나 우리와 함께 계셔 하루 또 하루가 늘 새로워."

교회
교향곡

교회
교향곡

**본회퍼 × 드러커,
교회를 말하다**

황제헌 신학 소설

바람이불어오는곳

거기에서는 진리가 승리이고

거기에서는 거룩이 품격이고

거기에서는 평화가 행복이고

거기에서는 생명이 영원이다.

－성 아우구스티누스

차례

일러두기

- 이 책의 4악장 구조는 베토벤의 〈교향곡 제7번〉에서 모티브를 가져왔다.
- 이야기 속 등장인물들은 모두 실존 인물이지만 모든 내용이 실제 있었던 역사적 사실은 아니다.

서곡

2005년 11월 11일 저녁, '살롱 드 엠피레오'의 야외 테라스에서 두 사내가 커피를 마시고 있다. 늦가을이라 약간 서늘하지만, 두 사내가 뿜어내는 대화의 열기가 그 서늘함을 무색하게 만든다. 안경을 쓴 백발의 사내는 따뜻한 아메리카노를 마시고, 그 맞은편에 앉은 민머리의 사내는 비엔나커피를 마시며 입을 뗀다.

디트리히 본회퍼(이하 본회퍼): 참으로 아름다운 밤입니다. 호로비츠가 연주하는 '트로이메라이'를 듣는 이 순간이 다소 몽환적이네요.

폴 틸리히(이하 틸리히): 그러게. 본회퍼. 나도 자네와 함께 오랜만에 커피를 마시면서 담소를 나누니 기분이 좋다네. 듣자 하니 자네는 여기 천국에서도 바쁘게 지낸다지?

본회퍼: 네, 아무래도 제가 생애 마지막에 감옥에 머물면서 읽지 못한 책이 너무 많아서요. 그때 못 읽은 책과 요즘 새로 나온 책을 읽느라 바쁜 나날을 보내고 있습니다. 보르헤스가 "천국이 있다면 그곳은 책으로 가득 찬 도서관일 것"이라고 말한 게 과장이라 생각했는데요. 실제로 천국에 와 보니 천국은 이 세상에 있는 모든 책을 소장하고도 남을 커다란 도서관이더군요.

틸리히: 나 역시 천국에 와서 이렇게 또 공부하게 될 줄은 몰랐네. 일평생 책만 읽으며 살다 죽었는데 천국에서도 이렇게 책을 읽으며 공부하다니, 이것 참 놀라운 일일세. 토머스 머튼이 『칠층산』에서 말한 것처럼, 책은 끝났으되 우리의 탐구는 영원토록 끝나지 않을 것이야.

본회퍼: 깊이 동감합니다. 그건 그렇고 오늘 저녁에 저를 급히 만나자고 하신 이유가 무엇이신지요? 교수님께서 하도 간절한 목소리로 오늘 저녁에 꼭 만났으면 하셔서 거의 뛰어오다시피 했습니다.

틸리히: 아, 맞아. 내가 급하게 연락하느라 만남의 이유조차 제대로 설명하지 못했군. 다름 아니라 내가 미국에서 온 연락을 받았네. 오늘 밤에 미국에서 내 친한 후배가 생을 마감하고 천국으로 온다고 하더군.

본회퍼: 혹시 그 후배가 누구입니까? 오늘 그 후배에게 저를 소개해 주고 싶으셔서 이렇게 부르신 건가요?

틸리히: 정확하네. 자네에게 그 후배를 꼭 소개해 주고 싶어서 이 저녁에 급히 보자고 한 걸세. 자네 혹시 피터 드러커 박사라고 이름을 들어 봤나?

본회퍼: 피터 드러커 박사요? 아, 도서관에서 그 이름을 본 것 같습니다. 그에게 "경영학의 아버지"라는 별명이 붙었던 것 같던데요. 그러나 솔직히 말하자면 제가 생을 마감한 1945년 즈음에는 그의 이름이 그리 유명하지 않았던 것 같습니다. 최근에 천국에 온 대기업 CEO들의 입을 통해 그의 이름을 몇 번 들어 봤습니다.

틸리히: 음, 그렇겠지. 드러커 박사의 명성이 널리 알려진 것은 제2차 세계대전 이후이니, 자네가 그에 대해서 잘 모르

는 것도 무리는 아니야.

본회퍼: 네. 그런데 교수님은 어떻게 드러커 박사님과 친분이 있으십니까?

틸리히: 나나 드러커 박사나 엄밀히 말해서 고향을 떠난 실향민 아니겠는가? 나는 나치를 피해 독일에서 미국으로 건너왔고, 오스트리아에서 태어난 드러커 박사 역시 나치를 피해 독일과 영국을 거쳐 미국으로 넘어왔지. 둘 다 미국에서의 첫 생활이 쉽지 않아서 고생했지만, 나는 신학계에서 그리고 드러커 박사는 경영학계에서 확고하게 자리를 잡게되었지. 나는 철학자이자 신학자로서 드러커 박사의 말에 모두 동의할 수는 없었지만 그가 걸어온 삶의 궤적에서 동질감을 느꼈다네.

본회퍼: 교수님이 그렇게 말씀하시니, 저 역시 나치 때문에 미국에 머물러야 할지 아니면 독일로 다시 돌아가야 할지 고민하던 순간이 떠오릅니다. 당시 미국에 있던 지인들은 저보고 미국에 남으라고 권했지만, 저는 고국으로 돌아가는 것이 하나님의 뜻이라 생각해 독일로 다시 돌아갔습니다. 만약에 제가 미국에 남았다면, 그곳에서 여생을 보내며

저의 신학을 좀 더 체계화했을 테고 드러커 박사님을 만날 기회도 있었겠지요. 역사에 '만약'은 없지만 말입니다.

틸리히: 참혹하다는 말로 차마 다 표현할 수 없는 제2차 세계대전 당시 미국에서 지내던 우리네 삶은 마치 하루살이와 같았다네. 독일에서 정교수로 있다가 미국에서 시간 강사로 격하되어 더듬더듬 영어 강의를 시작하니 희비가 교차하더군. 그건 그렇고, 혹시 자네는 드러커 박사를 만나서 여러 이야기를 나눠 볼 의향이 있는가?

본회퍼: 네, 물론이죠. 저는 천국에 오는 그 누구라도 기쁘게 맞이하고 기꺼이 대화를 나눌 마음의 준비가 되어 있습니다. 최근에 너무 책 읽기에만 몰두해서 그렇지 않아도 새로운 말동무가 필요했습니다.

틸리히: 역시 자네라면 드러커 박사와의 대화에 관심이 있을 줄 알았어. 어, 그런데 저기 카페 아래에서 누가 올라오고 있는 것 같은데, 혹시 드러커 박사인지도 모르겠네. 내가 한 번 불러 보겠네. 드러커 박사! 드러커 박사! 여기 나 틸리히일세. 오, 드러커 박사가 나를 알아보고 손을 흔든다네!

본회퍼: 우와. 드러커 박사님이 벌써 천국에 도달하신 줄은 몰랐는데요. 생각보다 빨리 만나게 되었네요.

틸리히: 그러게. 드러커 박사는 살아서도 그렇게 성실하더니 천국 오는 길도 성실하게 잘 걸어온 것 같네. 어이, 드러커 박사. 오랜만일세! 천국에서 이렇게 만나다니 더 반갑네.

피터 드러커(이하 드러커): 오, 틸리히 교수님. 참으로 오랜만입니다. 교수님이 1965년에 세상을 떠나셨으니, 무려 40년 만에 교수님을 뵙는군요. 조금 전 엠피레오 골든게이트를 통과하는데, 어느 문지기가 살롱 드 엠피레오에 가면 누군가가 저를 기다리고 있을 거라고 말해 주더라고요. 그래서 과연 누가 저를 기다릴지 궁금했는데 교수님이 저를 이렇게 맞이해 주시니 그저 반갑고 놀랍네요.

틸리히: 나도 그러하다네. 드러커 박사가 언제 천국에 오나 하며 지난 40년을 기다렸다네. 도대체 드러커 박사는 어떻게 90세 넘게 장수할 수 있었나? 내게도 그 비법을 알려 준다면 나도 여기 천국에서 더 건강하게 지내 보고 싶네. 아무튼 내 이야기는 이쯤하고, 오늘 내가 드러커 박사를 기다린 이유는 내 옆에 있는 본회퍼 목사를 직접 소개하고 싶어서

야. 본회퍼 목사, 드러커 박사와 인사 나누지.

본회퍼: 반갑습니다. 드러커 박사님! 저는 독일 출신의 디트리히 본회퍼입니다. 이렇게 천국에서 드러커 박사님을 만나 뵙게 되어 영광입니다. 천국에서도 박사님의 명성이 자자해서 익히 존함은 알고 있었습니다. 과거 CEO 출신들이 이곳에서 드러커 박사님 칭찬을 그렇게 하더라고요. 드러커 박사님 덕분에 업무와 신앙 양쪽 영역에서 공히 좋은 열매를 거둘 수 있었다고 말이죠.

드러커: 허허, 과찬의 말씀이십니다. 저야말로 본회퍼 목사님을 이렇게 천국에서 만나 뵙게 되어 영광입니다. 제가 과거에 컨설팅을 하며 목회자를 많이 만났는데요. 그중 몇몇 목회자가 목사님의 『나를 따르라』와 『신도의 공동생활』을 읽고 신앙생활의 큰 전환기를 맞았다고 고백했습니다.

틸리히: 서로 처음 만났는데 이렇게 영광이라고 말하는 모습을 보니 내가 더 영광일세. 참고로 드러커 박사가 천국에 온지 얼마 안 되어 아직 90세 노인의 모습을 하고 있지만, 실제로 드러커 박사는 본회퍼 목사보다 3살 어린 동생일세. 더 친해지면 드러커 박사는 본회퍼 목사에게 '회퍼 형'이라

고 불러 보게.

본회퍼: 아니, 제가 오히려 '러커 형'이라고 불러야지 '회퍼 형'이라고 불려서야 되겠습니까? 앞으로 대화를 나누면서 서로 편해지면 자유롭게 불러도 좋을 것 같습니다. 어차피 우리에겐 남아도는 게 시간이니까요.

드러커: 네, 동의합니다. 저는 언제나 한정된 시간 속에서 어떻게 하면 효율적인 삶을 살 것인가를 궁리하며 평생을 살았습니다. 그런데 이제 천국에서 무한정의 시간을 살아간다니 그게 어떤 삶인지 아직 실감이 나지 않네요. 두 분의 천국살이를 본받아 저도 이곳에서의 시간을 의미 있게 보내고 싶습니다.

틸리히: 그래, 드러커 박사. 자네라면 이 천국에도 성공적으로 적응할 테니, 나중에는 천국에 갓 도착한 사람들을 위해 『천국 매니지먼트』(『매니지먼트』는 경영이라는 분야를 학문으로 확립하는 데 기여한 드러커의 대표작이다)를 집필하리라 믿네. 일단 오늘 대화는 이것으로 마치고 내일 저녁에 다시 만나는 걸로 본회퍼 목사와 약속을 잡아서 대화를 이어가면 어떻겠나? 이렇게 둘을 연결해 준 것으로 나는 역할을

다한 것 같으니 말일세.

드러커: 네, 박사님 말씀대로 그렇게 하면 저야 좋죠. 그러면 본회퍼 목사님, 내일 저녁 일곱 시에 이 자리에서 다시 만나는 것으로 해도 괜찮습니까?

본회퍼: 물론이죠. 박사님, 피곤하실 텐데 가서 좀 쉬시지요. 내일 아침에 천국 거주 수속을 밟으려면 일찍 일어나셔야 할 겁니다. 내일 수속을 잘 밟아야 앞으로의 천국살이가 편해집니다.

음악과 함께하는 삶

2005년 11월 12일 저녁 7시경, 본회퍼와 드러커가 살롱 드 엠피레오에서 만난다. 둘은 가볍게 악수를 하고 각자 비엔나커피를 시키고 자리에 앉아 담소를 시작한다. 살롱 드 엠피레오의 라이브 무대에서는 천사들이 모차르트의 〈클라리넷 협주곡〉 2악장을 연주하고 있다.

본회퍼: 드러커 박사님, 오늘 아침에 천국 거주 수속은 잘 마치셨습니까? 피곤하셨을 텐데 비엔나커피를 마시며 하루의 피로를 날려 버리시지요.

드러커: 네, 목사님. 그렇지 않아도 이른 아침부터 이리저리 불려 다니느라 몸이 고단했습니다. 과거 제가 영국에 머물

다가 미국 뉴욕에 도착해서 이민 수속을 받을 때 느꼈던 긴장감이 다시 생생히 떠올랐습니다. 다행히도 저의 신앙고백을 담당자들이 잘 들어 주어서 앞으로 천국에 거주하는데 있어 문제는 없을 것 같습니다. 고된 하루를 마치고 이렇게 비엔나커피를 마시고 있으니 제가 어릴 적 빈에서 마셨던 커피가 불현듯 생각나네요.

본회퍼: 오, 어릴 적 빈에서는 커피를 어떻게 마셨습니까? 저는 빈에 가 본 적이 없고 그저 커피 위에 올리는 이 휘핑크림이 달달해서 천국에서 즐겨 마시는 편입니다.

드러커: 목사님이 어제도 비엔나커피 마시는 것을 보고 혹시 비엔나커피 중독자가 아닌가 싶었는데 제 예상이 맞았군요. 아마 모르셨겠지만, 제가 실은 1909년에 오스트리아의 수도 빈에서 태어났습니다. 그래서 어릴 적부터 커피를 거의 물처럼 마시면서 자랐죠. 저희는 이 커피를 비엔나커피라 부르지 않고 아인슈페너라고 불렀습니다. '한 마리 말이 끄는 마차'라는 뜻이죠.

본회퍼: 아, 그렇다면 박사님에게 비엔나커피는 물처럼 익숙한 것이었겠네요. 그런데 어쩌다가 음악의 도시라고 불리

는 빈이 커피로 유명한 도시가 된 겁니까?

드러커: 제가 알기로는 17세기 말에 오스만 제국군이 빈을 공격했는데, 당시 그 제국군이 철수하면서 남긴 물자 중에 커피콩이 있었다고 합니다. 이 원두를 가지고 빈에서 처음으로 커피를 마시기 시작했고 이후 빈에서는 커피가 점차 유행하게 되었지요. 그런데 목사님은 커피가 유럽에 보급되기 시작한 초창기에 정작 중세 교회는 커피를 금했다는 사실을 알고 계십니까?

본회퍼: 물론입니다. 저 역시 예전에 커피의 역사를 살펴보면서 커피와 종교가 밀접한 관련이 있다는 사실이 상당히 흥미로웠습니다. 익히 알다시피 중세 시대 가톨릭을 상징하는 음료는 포도주였고 이슬람교를 상징하는 음료는 커피였지요. 당시 가톨릭 신부들은 커피를 '악마의 음료'라 하여 항상 경계하라고 했습니다. 그런데 금지하면 할수록 커피에 대한 열망은 더욱더 타오르게 되었죠. 당시 이미 커피 맛에 반해 있던 교황 클레멘스 8세(1592-1605년 재위)는 커피 문제를 직접 해결하기로 했습니다. 교황은 커피를 한 잔 마시고는 이렇게 말했다지요. "이 훌륭한 음료를 이교도만의 것으로 두기에는 너무 안타깝다. 이제 내가 커피에 세

례를 베푸니 기독교인의 음료가 되기를 바라노라!" 그때부터 교회의 신자들은 세례 받은 커피를 당당히 마시게 되었다지요.

드러커: 역시 목사님은 커피의 역사를 잘 알고 계셨군요. 천국에 와서도 이렇게 커피를 마시며 커피 이야기를 나누니 기분이 새롭네요. 그런데 커피에는 카페인이 들어 있어서 강한 중독성이 있다고 하지요. 역사적으로 이 커피에 중독된 사람 중에 음악가가 많았다고 합니다. 바흐와 베토벤이 대표적인 예죠.

본회퍼: 그렇죠. 오죽하면 바흐가 〈커피 칸타타〉라는 세속 칸타타까지 만들었겠습니까? 〈커피 칸타타〉에는 이런 가사가 있다지요. "천 번의 키스보다 더 달콤하고 백포도주보다도 더 부드럽구나!" 제가 결혼을 안 해서 천 번의 키스를 해 본 적은 없지만 이 천국도 커피의 달콤함이 없다면 어쩌면 지옥과 같지 않았을까 생각해 봅니다. 물론 커피를 못 마시는 천국이 커피를 마시는 지옥보다 좋다는 건 말할 나위가 없겠지만요. 그건 그렇고 지금 천사들이 연주하는 이 음악이 무슨 곡인지 아십니까?

드러커: 아마도 이 곡은 볼프강 아마데우스 모차르트의 〈클라리넷 협주곡〉 2악장 같은데요. 빈에서는 이 곡을 모르면 간첩이라 할 만큼 유명할뿐더러 자장가로도 널리 알려져 있습니다. 예전에 칼 바르트 목사님이, 천사들이 모차르트를 연주하면 하나님도 기꺼이 들으실 거라고 말씀하는 것을 들은 적이 있습니다. 참으로 모차르트의 음악은 하늘과 땅을 연결하는 천상의 하모니 같습니다.

본회퍼: 이게 모차르트의 곡이었군요! 천사들이 여기서 자주 연주하던데 정확히 누구의 곡인지 몰라서 물었던 것입니다. 드러커 박사님은 역시 음악의 도시 빈에서 태어나서 그런지 음악에 조예가 깊군요.

드러커: 제 생각에 저는 음악적 재능은 거의 물려받지 못했지만 음악적 감각만큼은 가족을 통해 그리고 빈이라는 환경 속에서 자연스레 물려받은 게 분명합니다. 저를 끔찍히 아끼셨던 할머니는 클라라 슈만의 제자였지요. 클라라 슈만은 〈어린이 정경〉이란 피아노 소품집을 작곡한 로베르트 슈만의 아내이지 않습니까. 할머니는 클라라 슈만의 요청으로 요하네스 브람스를 위해 연주한 것을 일평생 자랑거리로 여기셨습니다. 제가 채 열 살도 안 되었을 때 할머니는

부다페스트에 가시는 길에 어린 저를 데려가려 하셨답니다. 그때 제 부모님은 왜 그 먼길에 굳이 어린아이를 데리고 가시려는지 물었는데, 할머니는 "가뜩이나 드러커가 재능이 없는데 두 주나 연습을 쉬면 어떻게 되겠니"라고 답하셨다고 해요. 저는 사실 아마추어치고는 피아노를 잘 친다고 생각했는데 할머니 보시기에는 아니었던가 봅니다. 아무래도 할머니의 기준이 무척 높았던 것 같습니다.

본회퍼: 로베르트 슈만, 클라라 슈만뿐만 아니라 요하네스 브람스까지 박사님의 할머니와 연관이 있다니 참으로 놀랍네요. 나중에라도 드러커 박사님의 피아노 연주를 한번 들어 보고 싶습니다. 저도 어릴 때 피아노를 배웠는데 같이 사이좋게 '젓가락 행진곡'을 연주해 보면 좋겠네요. 그런데 피아노 연주는 어렸을 적에 주로 하신 거죠?

드러커: 특별한 재능이 없다 보니, 악기 연주는 주로 어릴 적에만 했고 이후에는 비르투오소와 마에스트로의 라이브 연주를 많이 감상하는 편이었습니다. 익히 알다시피 빈은 빈 필하모닉 오케스트라가 유명하지 않습니까? 저는 빈 필이 연주하는 하이든, 모차르트, 베토벤의 교향곡을 여러 번 들었습니다. 그리고 아버지 덕분에 신년 음악회 티켓도 매년

쉽게 구할 수 있어서 연말연시를 주로 빈 필과 함께 보냈습니다.

본회퍼: 그렇다면 아버지는 어떤 분이었습니까? 아버지 역시 할머니로부터 음악적 재능을 타고난 음악가였나요?

드러커: 그건 아닙니다. 아버지도 저처럼 음악적 '재능'보다는 음악적 '감각'을 타고나셨습니다. 원래 아버지는 오스트리아–헝가리 제국의 외국 무역성 장관이었습니다. 그러니까 저는 장관의 아들이었던 셈이죠. 아버지의 생애는 제1차 세계대전 이전과 이후로 나눌 수 있습니다. 세계대전 이전에 아버지는 5천만 인구를 거느린 대국의 관료였지만, 세계대전 이후에는 국토가 분할되어서 인구 650만의 소국 오스트리아의 관료가 되고 말았습니다. 1920년에 아버지는 모차르트의 고향으로 유명한 잘츠부르크에서 음악제를 처음 시작한 공동 창설자 중 하나로 이름을 올렸습니다. 그렇지만 사실 예술적 목적이라기보다는 다분히 외화벌이를 위한 목적이 더 컸습니다. 아버지는 돈 계산에 밝은 사람이었거든요.

본회퍼: 박사님이 오스트리아 장관의 아들로 태어나신 줄은

전혀 몰랐습니다! 그처럼 고위 관료의 아들이었다면 커피를 물처럼 마셨다는 말도 결코 과장은 아니겠네요. 제가 오랫동안 신학을 공부했던 독일의 베를린 역시 오케스트라가 무척 유명한 도시입니다. 빈 필과 더불어 베를린 필의 역사와 전통 또한 참으로 유구하다 할 수 있죠. 특히 베를린 필의 전설적인 지휘자 푸르트뱅글러와 카라얀은 정말 유명하지요.

드러커: 네, 맞습니다. 베를린 필의 전성기를 이끌었던 지휘자 푸르트뱅글러와 카라얀을 빼고 오케스트라 지휘를 이야기하는 것은 비유컨대 예수님을 빼고 복음서를 이야기하는 것과 마찬가지죠. 저는 경영학을 연구하며 오케스트라를 전문성 있는 미래 조직의 한 표본으로 삼았는데요. 오케스트라의 핵심에 리더인 지휘자가 있다고 보고 그 중요성을 예의 주시했습니다.

본회퍼: 제 생각에 음악계에서 젊은 친구가 지휘자의 자리에까지 오르기는 무척 어려울뿐더러 그 자리를 유지하기란 더욱 만만찮을 것 같습니다. 지휘자는 직접 악기를 연주하지는 않지만 지휘봉을 가지고 오케스트라로부터 아름다운 음악을 이끌어 내는 걸 보면, 그저 신비할 따름입니다.

드러커: 지휘자의 지휘봉에는 지휘자만의 분명한 음악 철학이 담겨 있습니다. 만일 제가 조금이라도 할머니의 음악적 재능을 물려받았다면, 저는 빈 필에서 하이든, 모차르트, 베토벤, 말러의 교향곡을 지휘하는 마에스트로가 되었을지도 모릅니다. 하나님이 제게 그런 음악적 소질을 주시지 않은 게 아쉬울 따름입니다. 혹시 목사님은 어릴 적부터 음악에 소질이 있으셨는지요?

본회퍼: 저는 어릴 적에 피아노와 바이올린을 배웠기에 혼자서나 혹은 친구와 함께 악기를 연주하곤 했습니다. 지금 돌이켜보니, 어린 시절에 바흐의 음악은, 뭐랄까 마치 구구단처럼 자명하고 명쾌한 진리같이 여겨졌습니다. 루터 교회에서는 바흐의 칸타타나 오르간 곡을 언제나 들을 수 있기에 바흐의 음악은 저의 신앙에도 일정 부분 영향을 주었다고 할 수 있습니다. 그러나 음악에 대한 저의 태도는 감옥에 수감되고 난 뒤로 완전히 달라졌습니다. 감옥은 음악에 친화적인 환경이 전혀 아니었으니까요. 그곳에서 저는 바흐의 음악이 아닌 죄수의 울부짖음과 간수의 욕설을 배경 음악으로 삼아 하루하루 살아야 했습니다.

드러커: 목사님은 태어날 때부터 음악과 함께하는 삶을 살아

왔는데 갑자기 감옥에 갇혀 음악다운 음악을 못 듣게 되었으니 무척 답답하셨을 것 같습니다.

본회퍼: 물론 제가 음악을 못 듣는다는 사실이 슬프긴 했지만 음악을 전혀 들을 수 없는 그곳에서도 저는 귀에 들리지 않는 음악을 들을 수 있었습니다. 천상의 멜로디라고 해야 할까요? 저의 귀로는 아무런 음악을 들을 수 없었지만, 공교롭게도 바로 그때 저는 귀가 아닌 영혼으로 음악을 듣게 되었습니다.

드러커: 오, 감옥에서 천상의 멜로디를 들으셨다는 목사님의 말씀을 들으니 청각 장애로 고생했던 베토벤이 떠오릅니다. 베토벤도 육신의 귀로는 아름다운 음악을 듣지 못했으니 무기 징역을 선고받은 죄인처럼 미래가 막막했을 겁니다.

본회퍼: 맞습니다. 베토벤이 청각 장애를 가지고 어떻게 그처럼 위대한 음악을 작곡할 수 있었는지 많은 사람이 놀라워 하죠. 그런데 제가 감옥에 있으면서 육신의 귀가 닫히고 영혼의 귀가 열리고 보니 새로운 음악이 들리면서 기초적인 수준이지만 작곡을 시도할 수 있었습니다. 물론 베토벤

처럼 장대한 교향곡을 작곡하는 수준은 아니었지만, 청각
장애가 있다고 해서 음악을 전혀 작곡하지 못하는 것은 아
님을 알았습니다.

드러커: 감옥에서 목사님이 음악을 작곡하셨다는 건 처음 듣
는 이야기네요. 나중에 한번 그 곡을 꼭 들어 보고 싶습니
다. 그런데 목사님이 감옥에서 작곡한 음악보다는 목사님
이 직접 쓰신 시가 유명하지 않나요? 목사님이 쓰신 시에
누군가 곡을 붙여서 노래로 만들기도 했고요.

본회퍼: 맞습니다. 사실 저는 등단한 시인도 아니고 살아 있
을 적에 시집을 낸 적도 없지만, 저에 대해 잘 모르는 일부
독일인은 저를 '그 선한 힘에 고요히 감싸여'라는 노래의
가사를 쓴 작사가이자 시인으로 알고 있습니다. 제가 감옥
에서 대림절을 맞아 제 약혼녀 마리아에게 쓴 시가 이렇게
세월이 흘러 노래로 만들어지고 독일에서 국민 가요가 될
지는 전혀 상상하지 못했습니다.

드러커: 만약에 목사님이 감옥에 갇히지 않았다면 '그 선한
힘에 고요히 감싸여'라는 히트곡은 탄생하지 않았겠군요.
저도 대림절에 교회에서 이 노래를 부른 적이 있습니다.

"주 언제나 우리와 함께 계셔 하루 또 하루가 늘 새로워"로
노래가 끝나는 것으로 기억합니다. 그런데 목사님은 철학
과 조직신학을 전문적으로 공부한 신학자이지 않습니까?
어떤 이유로 목사님은 감옥에서 여러 편의 시를 쓰셨습니
까?

본회퍼: 제가 감옥에서 시를 쓰게 된 데는 현실적인 이유와
신학적인 이유가 맞물려 있었습니다. 먼저 현실적 이유를
들자면, 감옥에서는 잦은 공습과 필기구 부족으로 인해 긴
글을 쓰기가 어려웠습니다. 짧은 편지를 쓰다가도 공습이
오면 쓰기를 급히 멈추고 신속히 대피해야 했습니다. 그렇
게 자주 대피하다 보면 글의 흐름이 끊겨서 일관성 있는 논
리적인 글을 길게 쓰기가 어려웠습니다. 그래서 전쟁과 감
옥이라는 극한의 환경 속에서 저는 머릿속으로 짧은 시를
떠올리기 시작했습니다. 시를 떠올리면 힘든 순간도 잠시
나마 견딜 수 있더라고요. 또한 저는 감옥에 있으면서 그 어
느 때보다 구약의 시편과 한층 더 가까워졌습니다. 감옥에
머물기 이전에도 저는 시편에 대해 강의하고 책도 썼습니
다. 그렇지만 감옥에서 시편은 제게 전혀 다른 의미로 다가
왔습니다. 시편에 담긴 한 구절 한 구절의 탄식과 고백이 모
두 저 자신의 탄식과 고백처럼 여겨졌고, 그런 시편을 묵상

하다 보니 어느덧 저 자신의 시가 입에서 터져 나왔습니다.

드러커: 목사님의 감옥 생활에서 시편 읽기와 작곡 그리고 시 쓰기는 서로 영향을 주고 받으며 총체적인 삶의 이유가 되었던 게 아닐까 싶네요.

본회퍼: 박사님다운 정확한 분석입니다. 저는 시편을 읽으며 때때로 나만의 멜로디를 흥얼거렸고 나만의 표현으로 시를 썼습니다. 시편을 읽으면 읽을수록 새로운 멜로디가 흘러 나오고 새로운 시구가 떠올랐습니다. 제게 시편은 기도의 학교이자 마르지 않는 샘의 원천이었습니다. 평생 30여 권 가까운 책을 쓰신 드러커 박사님도 이런 마르지 않는 샘의 원천을 가지고 계셨겠지요?

드러커: 목사님처럼 시편에서 어떤 영감을 받지는 못했지만, 90년 생애 동안 저는 꾸준히 책을 쓰면서 나름대로 여러 영감의 원천을 가지고 있었습니다. 그런데 제 이야기가 조금 길어질 것 같으니 차라리 내일 저녁에 다시 만나서 책 읽기와 글쓰기에 대해 이야기를 나누면 어떻겠습니까?

본회퍼: 박사님의 제안에 전적으로 동의합니다. 오늘은 어쩌

다 보니 제가 주저리주저리 말을 많이 한 것 같네요. 천국 선배의 넋두리였다 생각하고 넓은 아량으로 넘어가 주십시오. 내일 드러커 박사님의 글쓰기에 대한 이야기가 기대되네요! 그러면 오늘 수고 많으셨고 내일 이 자리에서 다시 뵙겠습니다!

읽기와 쓰기

11월 13일 저녁 7시, 살롱 드 엠피레오는 한가하다. 한가로운 카페에 프란츠 리스트의 피아노곡 '단테를 읽고, 소나타풍의 판타지'가 울려 퍼진다. 살롱 드 엠피레오에 먼저 도착한 본회퍼가 잠시 눈을 지긋이 감고 음악을 감상하고 있다. 그때 드러커가 카페로 헐레벌떡 뛰어 들어온다. 드러커의 인사로 둘의 대화가 시작된다.

드러커: 목사님! 제가 피곤해서 깜빡 잠든 바람에 약속에 조금 늦었습니다. 죄송합니다. 오래 기다리셨죠?

본회퍼: 괜찮습니다, 드러커 박사님. 저도 방금 도착해서 음악을 잠시 감상 중이었습니다. 오랜만에 프란츠 리스트의

피아노 곡을 들으니 정신이 번쩍 드네요.

드러커: 오, 그러셨군요. 제가 너무 늦지 않아서 다행입니다. 그런데 지금 여기에 울려 퍼지는 곡은 무엇입니까? 프란츠 리스트의 작품이라 하셨는데, 저는 어떤 곡인지 잘 모르겠습니다.

본회퍼: 이 곡은 프란츠 리스트의 '단테를 읽고, 소나타 풍의 판타지'라는 피아노 곡입니다. 이 곡은 리스트가 빅토르 위고의 시 「단테를 읽고」에서 영감을 얻어 작곡했다고 알려져 있습니다. 아마도 리스트는 위고의 시만 읽은 게 아니라 단테의 『신곡』을 실제로 읽고 이 곡을 지은 것 같습니다.

드러커: 곡 제목에 '신곡'이라는 작품 이름이 들어 있기에 리스트가 단테의 『신곡』을 읽고 쓴 게 아닐까 싶었는데, 역시 그랬군요. 목사님은 『신곡』을 읽으신 적이 있습니까? 저는 어릴 적 이탈리아어를 공부하며 『신곡』의 몇 문장은 공부했지만 책을 끝까지 다 읽은 기억은 없습니다.

본회퍼: 저 역시 청년기에 독일어 번역본으로 읽어 보긴 했습니다. 아무래도 제가 신학자이다 보니 『신곡』과 같은 순

수 문학을 이해하는 게 쉽지 않았습니다. 다만 저는 작품 자체보다 단테의 생애에 더 큰 매력을 느꼈습니다.

드러커: 목사님이 단테의 작품보다 단테의 생애에 더 매력을 느끼신 까닭은 무엇일까요? 단테는 이탈리아 피렌체에서 태어나 문학인으로서 불후의 명작을 남기며 성공하지 않았습니까?

본회퍼: 물론 단테가 『신곡』이란 걸작을 남긴 것을 보면, 그가 문학인으로서 성공한 것은 맞습니다. 그러나 그의 생애는 전반적으로 성공보다는 실패에 더 가까웠습니다. 그는 피렌체에서 태어났지만 정치적인 이유로 피렌체에서 쫓겨났고 생전에 다시는 고향에 돌아가지 못했으니 말입니다. 그는 죽어서야 피렌체로 돌아올 수 있었습니다. 추방당한 뒤로 단테의 생애는 천국은 고사하고, 연옥도 아니라 지옥에 가까웠다고 합니다.

드러커: 그렇다면 단테는 언제 『신곡』을 집필한 겁니까? 혹시 『신곡』을 집필한 게 그가 피렌체에서 추방된 것과 관련이 있습니까?

본회퍼: 정확히 말하자면, 정반대입니다. 『신곡』이 그의 피렌체 추방의 계기가 되었던 게 아니라, 그의 피렌체 추방이 『신곡』 집필의 계기가 되었으니까요. 만약 그가 피렌체에서 추방되어 떠돌이가 되지 않았다면, 그는 『신곡』 같은 작품을 쓰지 못했을 겁니다. 피렌체에서 그는 작가이기 이전에 정치인으로서 공직을 수행하기에 바빴습니다. 공직자가 어찌 한가하게 『신곡』과 같은 대서사시를 쓸 수 있었겠습니까?

드러커: 단테가 『신곡』을 쓸 수 있었던 원동력이 그의 피렌체 추방과 관련 있다니 상당히 흥미롭습니다. 제 기억에 따르면 단테의 고향 후배인 마키아벨리 역시 『군주론』을 집필할 당시 실직 외교관 신세였다고 하더군요. 그 역시 단테처럼 정치적 이유로 공직에서 쫓겨난 뒤로 아무도 그를 불러 주지 않아 『군주론』을 썼다고 합니다.

본회퍼: 박사님의 그 말씀이 맞는다면, 마키아벨리 역시 실직 외교관으로 전락했기에 책을 쓸 시간을 확보할 수 있었던 거군요. 단테와 마키아벨리의 입장에서는 추방당하고 실직한 게 불행이었겠지만, 고난의 행군 중 명작이 탄생했으니 인류에게는 오히려 축복이지 않았나 싶네요.

드러커: 제가 이미 여러 책에서 강조했지만, 시간 활용은 인간의 생애에서 가장 중요한 요소라고 할 수 있습니다. 인간은 누구나 일평생이란 한정된 시간을 가지고 살아가기에 단 한 번뿐인 인생에서 자신의 강점에 집중해 성과를 내는 것이 제일 중요합니다. 제 생각에 단테와 마키아벨리는 생계를 위해 피렌체의 현실 정치에 깊이 개입했지만, 그들은 현실 정치에서는 탁월한 성과를 낼 수 없었습니다. 그들이 가진 최고의 강점은 정치가 아닌 문학에 최적화되어 있었기 때문이지요.

본회퍼: 동의합니다. 박사님도 알다시피 대다수 사람은 자신에게 어떤 강점이 있는지조차 모른 채 자신의 강점과 상관없는 일을 하면서 생애 대부분을 보냅니다. 대학 시절의 전공을 살려야 한다는 강박관념에 사로잡힌 나머지 졸업 후에 딱히 적성에 맞지도 않는 일을 하면서 전공을 살리고자 애쓰는 청년들도 많습니다. 그런데 제가 알기로 박사님은 법학 박사 학위가 있지 않으신가요? 박사님이라면 법학자나 법조인으로서도 얼마든지 성공하셨을 것 같은데 어떻게 그 길로 가지 않으셨는지요?

드러커: 법학 박사 학위가 있었기에 저도 당연히 20대에는

법학자로서 강의도 하고 전공을 살리기 위해 노력했습니다. 그러나 저는 어릴 적부터 문필가가 되고 싶었습니다. 법학자나 법조인도 좋지만 그보다는 이 사회에 더 큰 영향력을 끼치는 글을 쓰고 싶었습니다. 그래서 학위를 받고 나서 시간 강사를 하면서도 동시에 신문사에서 기자로 일을 시작했습니다. 기자로서 공적인 글쓰기를 시작한 뒤로 저는 더 이상 법학에 관심을 기울이지 않았습니다. 당시에 제가 글쓰기에 우선순위를 부여하지 않고 계속 전공을 살리고자 법과 관련된 일을 하려고 했다면, 그것이야말로 개인적으로나 사회적으로 시간 낭비가 아니었을까요? 그쪽은 저의 강점이 아니었기에 별다른 성과를 낼 수 없었을 것이 분명합니다.

본회퍼: 박사님의 인생에 그런 선택과 집중이 있었는지 몰랐습니다. 저도 박사님처럼 박사 학위는 있었지만 독일 대학교에서 안정적인 정교수 자리를 확보하지는 못했습니다. 신학자이자 목회자로서 저의 삶은 유동적이고 불안정해서, 마치 바람에 나는 겨와 같이 여러 현실에 흔들렸습니다.

드러커: 목사님이 집필한 여러 책이 독자들에게 큰 울림으로 다가간 이유가 바로 그런 흔들림 때문이지 않았을까요? 바

람이 거세게 부는데 어떻게 그 앞에 선 나무의 잎사귀가 하나도 흔들리지 않을 수 있겠습니까? 거세게 바람이 불 때는 흔들려야 합니다. 흔들릴지언정 뿌리 뽑히지 않는다면, 미래와 희망은 언젠가 반드시 찾아올 겁니다.

본회퍼: 박사님도 익히 알다시피 독일에서 나치의 거센 폭풍이 불어올 때 교회는 고사하고 저 자신의 신앙을 지키기조차 어려웠습니다. 돌이켜보면 감옥에서의 책 읽기와 글쓰기가 그리스도인이자 신학자라는 저의 정체성이 뿌리째 뽑히지 않도록 저를 붙들어 주었습니다.

드러커: 맞습니다. 글을 써야 할 사람은 감옥에서라도 글을 써야 합니다. 저는 겁이 많아서 목사님처럼 감옥에 갇힌 적은 없습니다. 독일에서 나치가 집권하며 유대인을 박해할 때, 저희 집이 원래 유대인 가문이었던지라 저는 영국으로 도망해야 했습니다. 고향인 오스트리아를 떠나 독일, 영국, 미국에서 나그네로 살아가기란 쉽지 않았습니다. 신세계에서 저는 철저한 무명이었기에 아무도 저를 작가로 주목하지 않았습니다. 저는 그저 책 읽기와 글쓰기로 저 자신의 존재 가치를 삶의 밑바닥에서부터 차근차근 증명할 수밖에 없었습니다.

본회퍼: 어찌 보면 박사님의 행보와 단테의 행보가 상당히 유사해 보입니다. 정치인 단테가 문학인 단테로 거듭날 수 있었던 요인은, 그가 어떤 상황에서도 책 읽기와 글쓰기를 포기하지 않은 데 있습니다. 우리는 바쁘다는 이유로 너무 쉽게 책 읽기와 글쓰기를 포기합니다. 하지만 책 읽기와 글쓰기를 포기하는 건 결국 자신의 자신 됨을 포기하는 것과 마찬가지입니다. 때로 우리는 책 읽기와 글쓰기를 포기하라는 주변의 압박이 있더라도 거기에 굴하지 않고 끝까지 견디고 이겨 내야 합니다.

드러커: 실로 통찰력 있는 조언입니다. 많은 사람이 저를 경영학자, 컨설턴트, 대학 교수, 비영리 조직의 이사 등으로 기억하지만 저는 언제나 저 자신을 '작가'라고 생각했습니다. 왜냐하면 제게 있어 가장 중요한 것은 글을 쓰는 일이었고, 두 번째가 가르치는 일이었으며, 가장 마지막이 컨설팅 업무였기 때문입니다. 그래서 저는 하버드나 프린스턴과 같은 소위 명문대에서 교수직 제안이 와도 그 제안을 수락하지 않았습니다. 그곳에서 교수 생활을 하면 저의 우선순위에 변동이 생길 수밖에 없었기 때문입니다. 저는 명문 대학의 교수보다 작가라는 직업이 더 고귀하고 가치 있다고 믿었습니다.

본회퍼: 그 선택에 전적으로 동감합니다. 그렇다면 글쓰기 도구와 관련해서도 이야기를 해 볼까요? 저는 아무래도 일찍 생을 마감했기에 글을 쓸 때 주로 펜을 사용했습니다. 제가 정성스럽게 쓰지 않고 필기체로 휘갈겨 쓰면 이를 편집해서 책을 만드는 출판업자가 상당히 곤혹스러워했지요. 그렇지만 저의 필체가 이미 그렇게 굳어져서 바꾸기가 어렵더군요. 우리가 익히 알다시피 베토벤 역시 악필이었다고 하지 않습니까? 원래는 그가 독일어로 "테레제를 위하여"라고 적었는데 출판업자가 "엘리제를 위하여"라고 읽어 제목을 잘못 붙였다고 하지요.

드러커: 오, 그 명곡에 그런 흥미로운 사연이 감춰져 있는지 전혀 몰랐습니다. 저는 비교적 어린 시절부터 타자기를 사용할 줄 알았습니다. 신문 기자일 때도, 이후 작가로 자리 잡고 나서도 늘 타자기를 사용해 글을 썼습니다. 나중에 개인용 컴퓨터가 널리 보급되면서 대중의 글 쓰는 방식도 타자기에서 컴퓨터로 넘어갔지만, 이미 타자기에 완전히 적응한 저는 컴퓨터로 바꾸기가 어려웠습니다. 그래서 이메일을 주고받을 필요가 있거나 하면 제 아내 도리스 슈미츠가 그 역할을 도맡아 해 주었죠. 저 역시 악필인지라 타자기가 발명되지 않았다면 책을 쓰거나 기고하는 과정이 그다

지 수월하지는 않았을 것 같습니다. 기술의 발달로 책 읽기와 글쓰기는 그 어느 때보다 편해졌지만 덩달아 책 읽기와 글쓰기를 방해하는 것들이 이 세상에 너무 많아졌어요.

본회퍼: 제가 어디에선가 읽었는데, 아시아의 어느 나라는 1년에 책을 한 권도 읽지 않는 사람이 전 국민의 절반 가까이에 달한다고 합니다. 그나마 책을 읽는 사람을 대상으로 1년 독서량을 따져 보니 평균적으로 1년에 종이책을 2.7권 읽는다고 합니다. 3권이면 저는 감옥에서 한 주도 안 되어 다 읽었는데 말입니다. 시대가 변한 건지 아니면 사람이 변한 건지 잘 모르겠네요.

드러커: 아무래도 지금 시대가 박사님이 살아 계셨을 때보다 책을 잘 안 읽는 건 분명해 보입니다. 그러나 제가 『매니지먼트』, 『프로페셔널의 조건』, 『정보가 조직을 바꾼다』와 같은 책에서 한결같이 강조했듯이, 지식 노동자는 일평생 공부를 멈추지 말아야 합니다. 평균 수명은 늘고 사회는 급격히 변하는데, 과거 학교에서 배운 것만 가지고 이 세상을 살아가기에는 한계가 있습니다. 지식의 양이 현저히 부족하지요. 저는 예술을 전공하지는 않았지만 일본 예술에 관심이 많아서 관련 작품을 수집했고 포모나 대학교에서 강의

를 하기도 했습니다. 저와 아내를 오랜 세월 이어 준 연결고리 중 하나가 바로 일본 예술이었습니다.

본회퍼: 드러커 박사님과 일본 예술이요? 상당히 의외인데요. 어쩌다가 일본 예술에 빠지게 되었습니까?

드러커: 제가 일본 예술을 처음 접한 것은 영국 런던에서였습니다. 아마도 1934년으로 기억하는데 그날 런던에 비가 많이 왔습니다. 제가 비를 피해 근처에 있는 버링턴 아케이드에 들어갔는데 마침 그곳에 일본화 전시회가 열리고 있었습니다. 비를 쫄딱 맞은 저는 물을 뚝뚝 흘리며 전시된 그림을 한 점 한 점 관람하다가 그만 시간 가는 줄 모르고 일본화에 흠뻑 빠져들고 말았습니다. 저는 일본 예술을 통해 새로운 예술 세계를 발견했을 뿐만 아니라 그 속에서 저 자신도 발견할 수 있었습니다. 이후로도 일본을 여러 차례 방문해 일본 예술을 직접 경험할 수 있었습니다.

본회퍼: 박사님이 일본화에 매료되었다는 이야기를 들으니 인상주의 화가 모네가 생각나네요. 박사님이 말씀하신 것처럼 유럽에 일본 예술이 유행하다 보니 '자포니즘'이라고 일본화를 모방하는 분위기가 인상주의 화가들 사이에 퍼지

게 되었다지요. 특히 클로드 모네 같은 경우는 자신의 지베르니 정원에 일본식 다리를 설치해서 그것을 배경으로 많은 그림을 그렸습니다. 그의 대표작인 〈수련〉을 보더라도 일본식 다리가 배경으로 그려져 있고요.

드러커: 저의 고향인 빈에서 주로 활동한 구스타프 클림트 역시 〈피쉬 블러드〉라는 작품을 그리면서 일본화의 영향을 크게 받았다는 이야기를 들었습니다. 어쩌다가 오늘 대화가 곁길로 빠지긴 했지만 저는 모든 사람이 자신의 직업 이외에 전혀 다른 취미와 배움을 통해서 얼마든지 새로운 인생을 살아갈 수 있다는 점을 강조하고 싶습니다. 공부는 단순히 직업을 얻기 위한 것이 아니며 직업과 상관없이 계속되어야 합니다.

본회퍼: 제가 조금만 더 길게 살았더라도 박사님처럼 아시아를 직접 방문했을 텐데요. 그저 책으로밖에 아시아를 접할 수 없어서 적잖이 아쉬움이 있었습니다. 물론 천국에도 아시아에서 온 이들이 있어서 그들에게서 아시아 이야기를 들을 수 있긴 하지만, 백문이 불여일견이란 말도 있지 않습니까?

드러커: 저의 고유한 사상이 시작된 곳은 미국이지만, 제 사상을 적극적으로 받아들이고 실천한 곳은 아시아라고 할 수 있습니다. 특히 일본과 한국에 '피터 드러커 소사이어티'가 세워져 저의 사상을 꾸준히 공부하고자 하는 움직임이 있었습니다. 저는 개인적으로 한국만큼 기업가 정신을 실천한 나라도 없다고 생각합니다. 제2차 세계대전이 끝나고 곧이어 한국 전쟁이 터진 한반도에 무슨 선한 게 있었겠습니까? 그럼에도 한국은 그러한 악조건을 극복하고 불과 50여 년 만에 상당히 많은 분야에서 세계적인 수준에 이르렀습니다. 그런데 한 가지 아쉬운 게 있는데요. 제 사상이 아시아에서도 주로 일본과 한국에서만 수용되었지 다른 아시아 국가에는 잘 알려지지 않았다는 겁니다. 만약 일본과 한국에서처럼 북한에도 제 사상이 전파되었다면, 북한 사회가 더 나은 쪽으로 변화되지 않았을까 생각해 봅니다.

본회퍼: 저 같은 경우는 제가 죽을 때까지 저의 신학과 사상이 교회와 사회에 받아들여진다는 느낌을 거의 받지 못했습니다. 제가 죽고 나서야 비로소 독일과 유럽에 제 이름이 알려지고 세계 각지에서 저의 책이 번역되기 시작했지요. 저는 죽을 때까지 제가 과연 좋은 작가인지에 대해 스스로 확신하지 못했습니다. 제가 좋은 독자인 것은 확신했지만

말이죠.

드러커: 목사님도 저처럼 작가로서 확신이 없던 시간을 거치셨군요.

본회퍼: 당시 저는 좋은 작가로서 과연 제게 어떤 재능이 있는지 확신하지 못했습니다. 무명의 작가 지망생은 온 마음을 다해 글을 쓰면서 온몸으로 불안을 느낍니다. 글을 계속써야 할지 아니면 지금이라도 글쓰기를 그만두어야 할지를 두고 말입니다.

드러커: 목사님이 말씀하신 '작가 지망생의 불안'에 대해 자세히 설명해 주실 수 있나요?

본회퍼: 아마도 그의 불안은 삶의 귀한 시간을 지나치게 글쓰기에 할애하고 있는 건 아닌가 하는 고민에서 시작됩니다. 박사님도 알다시피 작가 지망생이 글을 써서 벌 수 있는 돈이란 고작 몇 푼 되지 않잖아요. 그렇다고 글을 전혀 쓰지않고 다른 일에 많은 시간을 할애한다면 어떻게 작가가 될수 있겠습니까? 그래서 저는 누구라도 글을 쓰는 작가가 되고자 한다면 광야의 시간을 피할 수 없으리라 생각하는 쪽

입니다. 때때로 그는 거친 광야를 지나며 어디로 가야 할지 몰라 길을 잃을 겁니다. 물병에 준비한 물이 바닥 나고 타는 목마름을 느끼게 될 겁니다. 이렇게 그는 광야에서 인생의 유한함을 깊이 자각하고 스스로 창조의 우물을 파게 될 겁니다. 이 창조의 우물에서 생수를 길어 마시는 자가 언젠가 불후의 명작을 써 내는 법입니다. 우리가 익히 잘 아는 베토벤이야말로 그 대표적인 인물이죠. 그가 청력 상실을 비탄하며 하일리겐슈타트에서 유서를 쓰고 얼마 후에 만든 작품이 바로 그의 〈교향곡 제2번〉입니다. 그런데 그 교향곡은 너무도 경쾌한 작품입니다. 얼마 전까지 자살을 생각한 사람이 작곡했다고 믿기 힘들 정도로 말입니다.

드러커: 목사님의 말씀을 듣다 보니 저 역시 작가로서 제대로 자리 잡지 못해 고생하던 시절이 떠오르네요. 제가 작가가 되기 전에 거쳐 갔던 대학 강사, 은행원, 신문 기자라는 직업은 사람들이 들으면 대충 어떤 일을 하고 어떻게 살아가는지 짐작이 됩니다. 그러한 직업들에 예상되는 연봉도 있고요. 그런데 실상 작가는 그런 게 전혀 없습니다. 작가라면 하루에 몇 시간 정도 글을 써야 할까요? "저는 작가입니다"라고 말하려면 1년에 얼마를 벌어야 할까요?

본회퍼: 아무래도 제 생각에 작가는 그저 문예지에 등단하거나 누군가의 추천을 받는 것으로 만들어지는 게 아닌 것 같습니다. 작가 지망생을 작가로 만들어 줄 수 있는 이는 오직 자기 자신뿐입니다. 자기 스스로 자신에게 권위를 부여해 이제부터 작가로 살겠다고, 일평생 창작자로 살아가겠다고 선언해야 합니다. 괴테가 『파우스트』에서 말한 것처럼 "인간은 노력하는 한 방황하기 마련"입니다. 작가의 길을 걷기로 결단한 사람 앞에는 출구를 알 수 없는 미로가 놓여 있습니다. 일단 이 미로에 들어서면 출구를 찾기 위해 헤매지 않을 수 없지요.

드러커: 노벨 문학상을 받은 헤밍웨이가 이런 말을 했다고 하죠. "글 쓰는 일은 별거 없다. 그냥 타자기 앞에 앉아서 피를 흘리면 된다"라고 말이죠. 생각해 보면 저도 90세 넘는 생애 동안 타자기 앞에서 많은 피를 흘렸던 것 같습니다. 빈혈 때문에 머리가 핑 돌기도 하고, 더는 글을 못 쓸 것 같다는 공포에 사로잡히기도 했습니다. 그렇지만 저는 작가로 살아온 지난날을 후회하지 않습니다. 작가의 삶은 아무것도 보장되어 있지 않지만 역으로 그 무엇도 저를 가두지 못하는 것 같습니다. 작가로 살다 보면 작품이 저자가 원래 생각했던 것보다 더 멀리까지 작가를 데려가는 경우도 있는

것 같습니다. "책은 나름의 운명을 지닌다"는 말처럼, 아마
도 책은 생물이기 때문 아닐까요? 오늘 이렇게 목사님과 이
야기를 나누다 보니 대화가 무척 길어졌네요. 내일 다시 만
나서 이야기를 이어 가면 어떨까요?

본회퍼: 그러게요. 벌써 시간이 꽤 늦었네요. 천국은 항상 백
야라서 해가 지지는 않지만 그래도 피곤하긴 합니다. 각자
집으로 돌아가서 쉬고 내일도 같은 시간에 여기서 뵙는 걸
로 하죠. 내일부터는 각자의 전공이라고 할 수 있는 것에 대
해 좀 더 이야기해 보면 어떨까요? 박사님은 조직과 경영에
대해 해박하시니, 그 관점에서 교회의 시스템에 대해 말씀
해 주시죠.

드러커: 네, 목사님. 그러면 저도 일단 돌아가서 교회에 대해
서 깊이 생각해 보겠습니다. 오늘 즐거웠습니다.

3악장 × 프레스토

비영리 조직으로서의 교회

11월 14일 오후 7시, 드러커는 살롱 드 엠피레오에서 비엔나커피를 마시며 잠시 생각에 잠긴다. 살롱 드 엠피레오에 울리는 이 음악의 제목이 무엇인지 좀체 떠오르지 않는다. 어릴 적 빈에서 듣던 음악인 것은 알겠는데 정확한 곡명이 생각나지 않아 그는 미간을 찌푸린다. 인상을 쓰고 있는 드러커를 본회퍼가 발견하고 다가가 인사를 건넨다.

본회퍼: 드러커 박사님! 오늘은 박사님이 먼저 오셨군요. 그런데 왜 인상파처럼 얼굴을 찌푸리고 계십니까? 무슨 불쾌한 일이라도······.

드러커: 아, 목사님 오셨군요. 딱히 불쾌한 일은 아니고요. 지

금 들려오는 이 곡을 분명 소싯적 빈에서 들었던 것 같은데 정확히 기억이 나지 않아서 그렇습니다.

본회퍼: 그러셨군요. 제가 여기 살롱 드 엠피레오에 대해서 말씀드릴 시간이 없었네요. 이곳은 온종일 클래식 음악이 흘러나오는 클래식 전문 카페인데 카페 주인이 매번 선곡표를 작성해서 게시하고 그대로 음악을 틀어 줍니다. 시간 대별로 라이브 공연을 할 때도 있고 음원을 틀어 줄 때도 있습니다. 들어오는 입구에 오늘의 선곡표가 붙어 있는데 지금 어떤 음원을 튼 건지 제가 보고 오겠습니다. 잠깐만요.

드러커: 저기에 선곡표가 있었군요! 미리 알았더라면 이렇게 고민하지 않아도 됐을 텐데요.

본회퍼: 네, 박사님. 제가 선곡표를 봤는데, 지금 나오는 이 곡은 구스타프 말러가 작곡한 '블루미네'라고 합니다. 혹시 들어 보셨는지요?

드러커: 아, 블루미네! 맞습니다. 과거 빈에서 꽃의 축제가 열리면 이 곡을 라이브 연주하는 걸 듣곤 했습니다. 블루미네가 독일어로 꽃의 악장이라는 뜻이 있거든요. 이 곡을 천

국에서 들으니 참으로 감회가 새롭습니다.

본회퍼: 이 곡은 저도 여기서 종종 들었습니다만 교향곡으로 유명한 말러가 이렇게 서정적인 곡을 쓴 줄은 전혀 몰랐습니다.

드러커: 네, 이 곡은 말러의 교향곡 제1번 〈거인〉의 보너스 트랙이라고도 할 수 있습니다. 말러가 처음에는 교향곡 1번에 이 곡을 넣었다가 마지막에는 빼 버렸습니다. 아마도 이 곡이 교향곡 1번에 어울리지 않는다고 생각했던가 봅니다. 하지만 워낙 서정적인 곡인지라 축제의 계절에 빈에서 자주 연주되었습니다.

본회퍼: 이처럼 보석 같은 곡을 교향곡에서 제외한 것을 보면 말러라는 사람도 참으로 완벽주의자였나 봅니다.

드러커: 정확합니다. 말러는 완벽주의자 중의 완벽주의자였습니다. 그가 빈 궁정 오페라 극장 지휘자이면서 동시에 작곡가였다는 사실이 이를 증명합니다.

본회퍼: 그렇다면 박사님은 빈에서 말러의 연주를 직접 들을

기회가 있었습니까?

드러커: 공교롭게도 제가 태어난 1909년 즈음에 말러는 오스트리아가 아닌 미국에서 지휘하고 있었습니다. 그리고 얼마 후 그는 지병이 악화하여 1911년 5월 18일에 사망했습니다. 말러의 생존 당시 연주를 듣기에는 제가 너무 어렸지요. 그러나 나중에 제가 자라서는 아버지에게서 그리고 말러의 수제자 브루노 발터에게서 말러에 대한 이야기를 여러 차례 들을 수 있었습니다.

본회퍼: 일전에 박사님의 부친께서 빈에서 장관을 역임했다는 이야기를 하셨는데요. 아무래도 그런 자리에 계셨다면 정치적으로나 문화적으로 꽤 영향력이 있으셨을 테니 말러가 지휘하는 음악을 직접 듣거나 그와 대화할 기회가 있으셨을 것도 같습니다.

드러커: 네, 아마도 그러셨을 가능성이 매우 큽니다. 말러는 1800년대 후반부터 빈에서 궁정 오페라를 지휘하며 빈 필하모닉 정기 음악회를 진두지휘했는데, 이 시기는 아버지가 공직에 계셨던 시기와 겹칩니다. 저희 집에서 아버지는 월요일마다 '정치의 밤'을 여셨고, 어머니는 수요일에 '의

학과 정신분석의 밤'을 여셨거든요. 아마도 말러가 저희 집에 내빈으로 와서 곡을 직접 연주했거나 아버지와 이야기를 나누었을 개연성이 상당히 있습니다.

본회퍼: 그렇다면 부친께서는 말러에 대해 어떤 이야기를 하셨습니까? 그때의 기억이 나시나요?

드러커: 물론이죠, 목사님. 제1차 세계대전이 발발하기 얼마 전에 아버지와 함께 빈 신년 음악회에 참석했던 적이 있습니다. 그런데 아쉽게도 당시 공연이 조금 엉망이었습니다. 지휘자와 오케스트라의 호흡이 맞지 않아 같은 곡을 두 번이나 다시 연주하기도 했습니다. 성숙한 빈 시민들은 거듭 박수를 보내며 오케스트라를 격려했지만 다들 실망한 기색이 역력했습니다. 공연이 끝나고 집으로 돌아오는 길에 아버지는 이렇게 말씀하셨습니다. "아, 말러가 있었다면 이런 수치스러운 일이 벌어지지는 않았을 텐데"라고 말입니다. 아버지의 목소리에서 저는 말러에 대한 간절한 그리움을 느낄 수 있었습니다.

본회퍼: 그렇다면 당시 부친께서는 작곡가 말러가 아닌 지휘자 말러에 대해서 언급하신 거네요.

드러커: 그렇습니다. 사실 지금이야 작곡가 말러가 지휘자 말러보다 더 유명하고 중요하게 여겨지지만 생전에 말러는 작곡가보다는 지휘자로서 더 명성이 높았습니다. 그는 전업 지휘자였기에 작곡할 시간이 턱없이 부족했습니다. 그래서 여름 휴가철이면 한적한 오두막에서 집중적으로 교향곡을 작곡했지요.

본회퍼: 작곡가 말러보다 지휘자 말러가 당시에 더 유명했는 줄은 몰랐습니다. 사실 저는 여기 천국에서 말러의 음악을 들은 지 얼마 되지 않았습니다. 천국에서 바흐, 모차르트, 베토벤의 곡은 종종 들었지만 말러의 곡은 그만큼 자주 듣지는 못했거든요. 제 기억으로는 1960년대가 되면서부터 말러의 곡이 자주 들려온 것 같습니다.

드러커: 그것은 아마도 말러 탄생 100주년을 맞은 1960년부터 말러의 교향곡을 오케스트라에서 활발히 연주하기 시작했기 때문일 겁니다. 그래서 이후 50년 동안 이른바 "말러 르네상스"라는 말이 유행하기도 했습니다. 이름 있는 오케스트라치고 말러의 교향곡 전곡을 연주하지 않은 곳을 찾기 힘들 정도입니다. 말러 르네상스 시기는 제가 오케스트라라는 비영리 조직에 학문적인 관심을 가졌던 때와 거의

일치합니다.

본회퍼: 박사님 말씀대로 말러 르네상스는 말러를 재발견한 말러의 시대였다고 할 수 있겠네요. 그런데 박사님께서는 어쩌다 오케스트라라는 조직에 관심을 갖게 되었습니까? 오케스트라는 그저 음악을 연주하기 위해 만들어진 조직일 뿐 딱히 새로울 게 없지 않습니까?

드러커: 목사님의 말씀처럼 오케스트라는 과거부터 있어 온 오래된 조직이고 오케스트라가 연주하는 교향곡 역시 오래된 음악 양식입니다. 그런데 공교롭게도 말러를 기점으로 오케스트라와 교향곡에 여러 변화가 생겼습니다.

본회퍼: 그게 무슨 말인가요? 말러가 오케스트라를 재창단이라도 했단 말입니까?

드러커: 말러 이전에는 오케스트라에서 지휘자의 비중이 그다지 크지 않았습니다. 지휘자 없이도 오케스트라만의 연주가 가능하기도 했고, 지휘자 역시 지휘자로서의 정체성이 확고하지 않았습니다. 그러나 말러는 달랐습니다. 그는 지휘자로서 오케스트라의 연주를 자신이 원하는 방향으로

이끌어 가야 한다는 분명한 목적의식이 있었습니다. 지휘자 말러가 단원들에게 요구하는 음악 수준은 상당히 높았고 말러의 성격 또한 다혈질인지라 단원들과 마찰도 잦았다고 합니다. 지휘자가 아닌 작곡가로서 말러가 작곡한 교향곡은 오케스트라의 편성이나 곡의 길이 측면에서 엄청난 대작이었습니다. 따라서 말러의 교향곡을 지휘자 없이 연주한다는 건 아예 불가능합니다. 말러는 오케스트라에서 지휘자의 위상을 높인 탁월한 지휘자이면서 동시에 오케스트라가 연주할 수 있는 교향곡의 한계치에 도달한 작곡가였습니다. 아마도 말러가 당대 최고의 지휘자가 아니었다면 그의 교향곡은 탄생할 수 없었을 겁니다. 그가 지휘를 통해 오케스트라가 연주할 수 있는 교향곡의 가능성과 한계를 온몸으로 체득했기 때문이지요.

본회퍼: 지금 하신 말씀을 달리 비유하자면, 말러는 제트 비행기 조종사이면서 동시에 제트 비행기 설계자 역할을 감당했다고도 할 수 있겠네요. 그토록 어려운 일을 아무나 할 수 있는 건 아니겠지요.

드러커: 찰떡같은 비유네요! 공교롭게도 말러 이후에는 말러처럼 지휘와 작곡을 병행하는 지휘자가 등장하기 어려워

졌습니다. 말러의 교향곡은 너무 어려워서 지휘자가 그의 교향곡을 지휘하는 것만도 버거웠기 때문이지요. 지휘자로 서는 베토벤이라는 여우를 피하려다 말러라는 호랑이를 만 난 격입니다. 그러고 보니 음악적 재능이 부족한 제가 지휘 자가 되지 않은 건 천만다행입니다.

본회퍼: 말러의 교향곡이 그렇게 어렵다면, 지휘자는 물론이 고 오케스트라 단원들의 연주 실력 또한 뛰어나야 할 것 같 습니다.

드러커: 맞습니다. 오케스트라의 역사는 교향곡의 역사와 함 께합니다. 우리가 흔히 하이든을 가리켜 '교향곡의 아버지' 라고 부르는데요. 실제로 그의 별명이 파파 하이든이기도 했지만, 그는 교향곡의 형식이 지금처럼 4악장으로 자리 잡는 데 크게 이바지했습니다. 그는 100편이 넘는 교향곡 을 작곡했다고 하는데 하이든의 초창기 교향곡은 지금처럼 대규모 교향곡이 아니었기에 많은 연주자가 필요하지 않았 습니다. 실내악 공연의 느낌이 강했지요. 그런데 베토벤, 베 를리오즈, 브람스, 브루크너를 거치며 교향곡을 연주하는 데 필요한 연주자의 숫자가 기하급수적으로 늘어났습니다. 특히 말러 〈교향곡 제8번〉은 초연 당시 1천 명이 넘는 연주

자가 동원되어 "천인 교향곡"이란 별명이 붙었는데요, 단원들의 실력이 출중하지 않고 지휘자가 음악적으로 오케스트라를 선도하지 않는다면, 그 오케스트라는 말러의 교향곡을 연주하는 데 고전을 면치 못할 겁니다.

본회퍼: 일전에 박사님은 비영리 조직에 관심을 가지면서, 오케스트라를 최고의 '미래 조직'으로서 평가하셨다고 들었습니다. 박사님은 오케스트라의 어떤 면에서 미래 조직으로서의 가능성을 발견하셨습니까?

드러커: 방금도 말씀드렸다시피 오케스트라는 시간이 지나면서 고도로 전문화되고 조직화된 집단으로 바뀌었습니다. 오케스트라는 그 어떤 집단과도 비교 불가한 전문가 집단이라 할 수 있습니다. 오케스트라 단원에 가입하기 위해서는 현악 연주자, 관악 연주자, 타악 연주자, 건반 연주자 모두가 최고의 전문성을 갖추어야 합니다. 그들은 자신이 연주하는 악기에 대해서라면 그 누구보다 잘 알아야 하고, 지휘자의 지시에 호응해 하나 된 소리를 만드는 데 일조해야 합니다. 다양성 속의 통일성, 통일성 속의 다양성이 돋보이는 오케스트라야말로 가장 이상적인 비영리 조직이라 할 수 있습니다.

본회퍼: 아무래도 제가 경영과는 다소 거리가 있다 보니, 박사님이 말씀하시는 비영리 조직이란 말이 조금은 낯설게 느껴집니다. 영리 조직과 비영리 조직의 차이는 무엇이고, 비영리 조직이 추구해야 하는 가치는 무엇입니까?

드러커: 좋은 질문입니다. 일단 영리 조직과 비영리 조직의 가장 큰 차이점은, 그 조직이 이윤을 추구하느냐 아니면 그 외의 가치를 추구하느냐입니다. 영리 조직의 대표적 사례인 기업은 상품을 판매해 이윤을 추구해야 오랫동안 살아남을 수 있습니다. 그러나 비영리 조직은 그렇지 않습니다. 비영리 조직은 인간과 사회의 변혁을 목적으로 하고 인간의 총체적 변화를 추구합니다. 예를 들어 빈 필하모닉 오케스트라가 말러의 교향곡 2번 〈부활〉을 연주해, 관객들에게 큰 감동을 선사했다면, 그 교향곡을 듣고 집으로 돌아가는 관객의 마음은 교향곡을 듣기 전과 달라져 있을 겁니다. 음악을 통해서 최초로 촉발된 마음의 변화가 차곡차곡 쌓여 어느덧 삶의 변화로 이어지기도 하겠지요. 비영리 조직은 사람들에게 감동을 줍니다. 그 감동이 사람들을 새롭게 합니다.

본회퍼: 그렇다면 박사님은 비영리 조직으로서 교회 역시 인

간과 사회의 변혁에 이바지해야 한다고 생각하시겠군요! 교회는 기업과 같은 영리 조직이 아니니 말입니다.

드러커: 맞습니다. 제가 『비영리 단체의 경영』이란 책을 쓰면서 생각했던 비영리 조직에는 학교와 병원뿐 아니라 교회도 포함됩니다. 그런데 교회 성도는 물론이고 심지어 목회자 역시 교회가 비영리 조직이라는 사실을 인지하지 못하는 경우가 많습니다. 그 결과 이 사회에서 비영리 조직으로서 마땅히 감당해야 할 교회의 역할을 외면하고 말았습니다.

본회퍼: 그렇다면 박사님은 비영리 조직으로서 인간과 사회의 변혁에 기여하지 못하는 교회에 대해 어떻게 평가하십니까?

드러커: 글쎄요. 신학자가 아닌 제가 이런 말을 하긴 상당히 조심스럽지만, 교회가 인간과 사회의 변혁에 아무런 기여를 하지 못한다면, 그런 교회는 자의든 타의든 문을 닫는 게 더 낫지 않을까요? '변혁'이란 말을 교회에서 흔히 쓰는 말로 바꾸면 '거듭남' 아니겠습니까? 그렇다면 거듭남이 없는 교회는 복음의 변혁성이 사라진 교회라는 말과 다를 바

없을 텐데요. 신약 성경에 보면 언제나 복음을 만난 개인과 사회는 거듭남을 경험합니다. 거듭남이 없는 교회는 교향곡을 연주할 줄 모르는 오케스트라처럼 사람에게 아무런 감동을 주지 못합니다. 그런데 참으로 역설적이지만 저는 유럽과 미국에서 거듭남이 없는 교회를 여러 번 경험했습니다. 복음의 본질을 생각할 때 도무지 이해가 되지 않는 일이죠.

본회퍼: 박사님이 태어난 오스트리아는 가톨릭 국가였고, 박사님이 공부한 독일은 루터교 국가였습니다. 그리고 박사님이 피신한 영국은 성공회 국가였고, 박사님이 평생을 보낸 미국은 종교의 자유가 있는 개신교 국가였습니다. 박사님은 나라마다 가지고 있는 고유한 사회 환경이 교회의 전통과 역사에 영향을 준다고 보십니까?

드러커: 물론입니다. 같은 하나님을 믿는다고 하지만 오스트리아, 독일, 영국, 미국의 교회는 너무도 달랐습니다. 사회와 교회는 불가분의 관계에 있지요. 사회라는 콘텍스트가 신학의 텍스트를 만들고, 그렇게 탄생한 신학의 텍스트가 다시 사회라는 콘텍스트에 영향을 끼치곤 합니다. 목사님이 익히 잘 아시는 유럽 교회와 미국 교회의 가장 큰 차이

는, 미국은 국교가 없기에 수많은 기독교 교단이 그 안에서 자유롭게 경쟁한다는 데 있습니다. 오스트리아의 가톨릭도, 독일의 루터교도, 영국의 성공회도 미국에서는 그저 수많은 교파 중 하나에 불과합니다. 물론 미국 내에서도 특정 국가의 이민자가 많은 지역에서는 특정 교파가 우세하기도 합니다. 독일 이민자가 많은 지역에서는 루터교가, 이탈리아 이민자가 많은 지역에서는 로마 가톨릭이, 네덜란드 이민자가 많은 지역에서는 개혁교회가 다른 교파보다 영향력이 있습니다. 그렇지만 미국은 그 무엇보다 종교의 자유가 있는 나라이고, 그렇기에 모든 교파가 언제나 경쟁할 수밖에 없습니다. 이러한 자유와 경쟁의 풍토가 다른 어떤 나라보다 미국에서 영리 조직과 비영리 조직이 활성화되는 토양이 되었다고 할 수 있습니다.

본회퍼: 사실 교회끼리 서로 경쟁한다는 게 저로서는 조금 낯선 개념입니다. 저는 루터교 목사로서 제게 맡겨진 양 떼를 그저 잘 목양할 따름이지 교회끼리 경쟁 관계에 있다고 생각한 적이 단 한 번도 없었거든요.

드러커: 목사님이 목회하신 유럽의 환경과 미국 교회 혹은 한국 교회의 환경은 너무나 차이가 나는 것 같습니다. 제가

듣기에 한국 교회는 교파 간의 비교와 경쟁이 익숙하다고 합니다. 그리고 교파 내에서 또 세부적으로 갈라진 교단이란 것도 다수 존재한다고 하지요. 한국의 장로교 안에는 백여 개가 넘는 교단이 있다고 합니다. 이는 상당히 놀라운 일이 아닐 수 없습니다. 한국이란 나라가 그리 큰 나라도 아닌데 말입니다. 또한 각 교단은 대부분 독립된 신학교를 운영하면서 소속 교단의 목회자를 양성합니다. 이는 교단 수만큼의 신학교가 한국 교회에 존재한다는 뜻입니다.

본회퍼: 저도 여기에서 한국 교회 목회자들을 보면서 조금 의아하다고 느낀 적이 있긴 합니다. 테니스장에서 만난 두 사람이 한국 교회 장로교 목회자였다고 자신을 소개했는데 서로 대화도 잘 나누지 않고 왠지 어색해했습니다. 그러다가 어느 날 둘이 언성을 높이며 말싸움하는 걸 엿들었는데요. 서로 자기네 교단이 '장자 교단'이라고 싸우는 것 같았습니다. 그들이 말하는 장자 교단은 과연 무슨 의미일까요? 그러면 '차자 교단', '막내 교단'도 있는 걸까요?

드러커: 목사님 말씀을 듣고 보니 그 두 분의 목사님은 자신이 속한 교단에 대한 자부심이 엄청난 것 같습니다. 솔직히 고백하자면 저는 일평생 평신도로서 교회의 목회자를 보면

서 존경심을 느낄 때도 있었지만 한편으로 답답함을 느낄 때도 있었습니다.

본회퍼: 박사님은 어떤 때 답답함을 느끼셨는지요. 저도 그 답답한 목회자에 속하지 않았나 두렵네요.

드러커: 에휴, 그럴 리가요. 저는 목회자가 '나의 목회'를 하지 않고 '낡은 목회' 또는 '남의 목회'를 하는 것을 보면서 참으로 답답했습니다. 욕하면서 닮는다는 말처럼 부교역자 시절에 담임 목사 욕을 그렇게 하더니 막상 본인이 담임 목사가 되어서는 과거에 자신이 욕하던 담임 목사가 하던 그대로 똑같이 목회하는 이도 봤습니다. 욕하는 것만으로는 충분하지 않습니다. 대안을 숙고하는 시간이 없다면 비슷한 상황이 닥쳤을 때 자신이 욕하던 사람이 하던 대로 따라하게 됩니다.

본회퍼: 부끄럽지만 박사님의 예리한 지적을 부인할 수 없겠네요. 실상 목회야말로 가장 창의적이고 혁신적이어야 하는데 자칫 구태와 매너리즘에 빠지기 일쑤입니다. 목회자가 이런 비참한 상황에서 벗어나려면 어떻게 해야 할까요?

드러커: 독일 하이델베르크 대학의 건학 이념은 라틴어로 'semper apertus'라고 합니다. 이는 '언제나 열려 있는'이란 뜻입니다. 목회자는 말씀(the Word)을 향하여, 그리고 세상(the World)을 향하여 항상 열려 있어야 합니다. 목회자가 자신만의 세상에 갇혀 있어서는 현실을 변혁하는 목회를 할 수 없습니다.

본회퍼: 좋은 말씀입니다. 그러나 현장 목회자는 바쁩니다. 목사로서 해야 할 일이 너무 많아 스물네 시간이 모자랄 지경입니다.

드러커: 저는 과거에 기업의 바쁜 CEO들을 컨설팅하면서 그가 시간을 어떻게 사용하는지 표에 정리해 적어 보게 한 적이 있습니다. 나중에 정리된 그의 시간표를 보니, CEO가 본질적인 일로 바쁜 건지 아니면 비본질적인 일로 바쁜 건지 쉽게 파악할 수 있었습니다. 방금 목회자가 너무 바쁘다고 하셨는데, 과연 목회자가 본질적인 일로 바쁜 걸까요? 절대 그렇지 않다고 봅니다. 대다수 CEO가 비본질인적 업무로 바쁘게 사는 경우를 흔히 봤거든요. 목회자라고 예외는 아닐 겁니다.

본회퍼: 박사님의 말씀을 들으니 미국에서 저와 친분이 있었던 라인홀드 니버 교수의 기도가 떠오릅니다. 목회자에겐 "바꿀 수 없는 것을 받아들이는 은총이, 바꾸어야 할 것을 변화시키는 용기가, 그리고 이것을 분별할 수 있는 지혜가" 모두 필요합니다.

드러커: 교회를 진정 사랑한다면 목회자는 자신의 소명을 망각한 채 분별력 없이 일에 몰두해서는 안 됩니다. 제 생각에는 목회자 후보생이 장차 '나만의 목회'를 할 수 있도록 준비시키는 목회 디자인 커리큘럼을 신학생 교육 과정에 넣을 필요가 있다고 봅니다.

본회퍼: 목회 디자인 커리큘럼이라…… 이는 루터교 목사처럼 국교회에 소속된 목사에게는 조금 낯선 개념인 것 같습니다. 솔직히 말하자면 국교회 소속 목사는 목회 디자인을 생각해 볼 이유와 동기가 비국교회 소속 목사와 비교해 조금 부족한 것 같습니다. 아무래도 국교회 소속 목사는 이미 주어진 일을 비슷하게 반복하는 경향이 있으니 말입니다. 변화를 받아들이는 데 다소 느린 편입니다.

드러커: 국교회 소속 목회자와 비국교회 목회자가 서로 다른

방식으로 목회하는 건 지극히 당연합니다. 그러면 내일 만나서는 목사님이 잘 아시는 루터교회와 고백교회에 관해 이야기를 나눠 보면 어떻겠습니까? 저는 목사님의 교회론을 들어 보고 싶습니다.

본회퍼: 좋습니다! 정말 오랜만에 제가 연구한 교회론에 관해 말할 수 있겠네요. 내일 저녁 같은 시간에 여기서 만나 뵈면 좋을 것 같군요. 좋은 대화를 나눌 수 있어서 유익했습니다!

타자를 위한 교회

바람이 많이 부는 11월 15일 저녁, 본회퍼가 홀로 살롱 드 엠피레오에서 『말씀 그리고 하루』를 읽고 있다. 살롱 드 엠피레오에는 피아니스트 디누 리파티가 라이브로 연주하는 '예수, 인간 소망의 기쁨'이 은은하게 울린다. 본회퍼가 책을 덮고 잠시 기도하고 있을 때 드러커가 안으로 들어온다.

드러커: 오, 목사님. 기도 중이신데 제가 방해한 것은 아닌지 모르겠습니다.

본회퍼: 아, 괜찮습니다. 기도는 이제 다 마쳤습니다. 오늘 너무 분주해서 말씀을 묵상할 시간이 없었네요.

드러커: 아니 천국에 와서도 말씀을 묵상하십니까? 여기 왔으면 이제 더는 묵상 같은 건 필요 없지 않습니까?

본회퍼: 네, 사실 그럴 수도 있지만 워낙 예전부터 『말씀 그리고 하루』로 묵상하는 게 습관이 되다 보니 천국에서도 이렇게 묵상을 계속하게 됩니다. 감옥에서 이 책으로 큰 위로를 받았거든요.

드러커: 『말씀 그리고 하루』는 어떤 책입니까? 얇고 가벼운데 일 년 치 말씀이 다 들어 있는 것 같네요?

본회퍼: 맞습니다. 이를 원래 독일어로 '로중'(losung)이라고 하는데 독일의 헤른후트 공동체에서 처음 시작되었습니다. 매일의 짧은 말씀과 기도문이 실려 있는 로중은 일차적으로 병사들이 싸움터에 나갈 때 지니고 다니는 중요 암호라는 의미가 있습니다. 매일의 삶에서 이 짧은 말씀이 강력한 영적 무기가 되어 영적 전투에서 우리를 승리로 이끌어 준다는 의미가 담겨 있습니다.

드러커: 오, 그러면 오늘의 로중을 한번 읽어 주시겠습니까?

본회퍼: 네, 좋습니다. 11월 15일자 로중입니다. 구약 말씀부터 읽어 볼게요. "우리의 연수가 칠십이요 강건하면 팔십이라도, 그 연수의 자랑은 수고와 슬픔뿐이요, 빠르게 지나가니, 마치 날아가는 것 같습니다." 이는 시편 90편 10절 말씀입니다. 이어서 신약 말씀을 읽겠습니다. "우리 주 예수 그리스도와 우리를 사랑하셔서서 은혜로 영원한 위로와 선한 희망을 주신 우리 아버지 하나님, 그분께서 여러분의 마음을 위로하시고 여러분을 모든 선한 일과 말에 능하게 해 주실 것입니다." 이는 데살로니가후서 2장 16절에서 17절까지의 말씀입니다. 마지막으로 기도문도 읽어 보겠습니다. "위대하신 하나님, 내 몸과 마음, 생각과 이성을 당신의 강한 손에 맡깁니다. 나의 방패이시고 나의 영광 되신 주님, 나를 당신의 소유로 받아 주소서." 이 기도문은 하인리히 알베르트의 기도문이라고 하네요. 로중은 구약 말씀, 신약 말씀, 그리고 기도문 이렇게 세 개가 한 묶음으로 이뤄져 있습니다.

드러커: 로중은 분량이 많지 않아서 짧은 시간에 말씀을 묵상하거나 기도하기에 좋을 것 같습니다. 지금 울려 퍼지는 바흐의 '예수, 인간 소망의 기쁨'을 들으며 묵상하기에 딱이네요.

본회퍼: 저도 동의합니다. 바흐가 많은 곡을 작곡했지만, 여기 천국에서도 '예수, 인간 소망의 기쁨'은 자주 연주되는 곡 중 하나입니다. 이 곡은 원래 바흐 작품 번호 147번 교회 칸타타인데 성가대의 합창으로 주로 부르는 이 칸타타를 오늘은 피아노 곡으로 편곡한 버전을 들었네요. 저기 앉아서 피아노를 연주하고 있는 디누 리파티는 저처럼 젊은 나이에 천국에 왔습니다. 그는 인생의 마지막 피아노 연주회에서 커튼콜 때 이 곡, '예수, 인간 소망의 기쁨'을 연주했다고 하더군요. 그의 피아노 연주를 직접 듣고 있으면, 하나님이 그의 연주를 더 가까이서 듣고 싶어서 천국에 일찍 데려오신 게 아닐까 하는 생각이 들 정도입니다. 그는 현재 살롱드 엠피레오의 상주 피아니스트이자 상투스 도미누스 교회의 반주자로 활약하고 있습니다.

드러커: 그의 연주에 그런 사연이 있었군요. 나중에 기회가 된다면 그와 이야기를 나눠 보고 싶네요. 바흐 이야기가 나왔으니 말인데 바흐는 독일에서 태어난 루터교 신자였지요? 루터교에서 바흐의 위상은 어느 정도입니까?

본회퍼: 루터교에서 가장 높은 위상을 가진 사람은 아무래도 루터 본인이겠지만 저는 그다음이 바흐라고 생각합니다.

루터가 루터교의 심장이라면 바흐는 그 심장에서 나오는 피를 온몸으로 이어 주는 대동맥이라고 저는 비유하고 싶네요. 대동맥은 인체에서 심장과 직접 연결된 가장 큰 혈관으로, 순수한 혈액을 온몸에 보내는 역할을 하잖아요. 바흐의 음악에는 루터의 복음, 그 복음의 선연한 피가 묻어 있다 할 수 있습니다.

드러커: 우리가 일전에도 음악에 관해 이야기했지만, 음악이란 게 워낙 우리의 지성과 감성과 영성에 상당한 영향을 끼치는지라 바흐의 음악을 듣고 있으면 영적으로 하나님과 더 가까워진 듯한 느낌을 받곤 합니다. 심지어 하나님은 참으로 거룩하신 분이구나 하는 생각에 이르기도 하고요.

본회퍼: 바흐의 음악은 영적이기도 하지만 또한 다분히 지성적입니다. 사실 바흐는 대학 교육을 받지 못한 음악인이었습니다. 그가 만약 경제적인 어려움이 없어서 대학 교육을 받을 수 있었다면 분명 당대에 더 높은 자리까지 올라갔을 겁니다. 그는 자신이 대학을 가지 못한 것에 일종의 콤플렉스가 있어서 자기 아들은 라이프치히 대학에 진학시키기도 했지요. 그가 대학 교육을 받지 못해 학위가 없는 것은 사실이었지만, 바흐는 다양한 분야의 책을 즐겨 읽는 '학식이 풍

부한' 음악가였음이 분명합니다. 그는 당대 최고의 파이프 오르간 연주자 겸 제작자로 평가받았는데 파이프 오르간을 제작하기 위해서는 수학, 물리학, 음향학, 건축학, 기계공학에 관한 전문 지식이 필요했습니다. 바흐는 파이프 오르간과 관련된 것에는 사소한 부품 하나까지도 모르는 게 없었지요.

드러커: 지금도 파이프 오르간을 연주하는 사람이라면 바흐를 빼놓고 파이프 오르간을 연주할 수는 없겠네요. 루터 교회는 대부분 교회당에 파이프 오르간이 있죠?

본회퍼: 맞습니다. 독일에 있는 대부분의 루터 교회에는 파이프 오르간이 설치되어 있고, 성도들도 교회의 파이프 오르간에 애착과 자부심을 갖는 편입니다. 만약 파이프 오르간이 고장 나서 수리를 해야 하는 경우가 생긴다면 할 수 있는 한 성도들이 적극적으로 헌금에 동참하기도 할 테고요. 무슨 일이 있어도 교회의 파이프 오르간만큼은 최고의 상태로 유지하려는 경향이 있습니다.

드러커: 제가 알기로는 마르틴 루터 역시 음악을 좋아했던 걸로 아는데요. 교회에서 즐겨 부르는 '내 주는 강한 성이

요'를 지은 이가 루터라고 하지요?

본회퍼: 루터 역시 뛰어난 음악가였지요. 루터의 종교 개혁에서 음악이 차지하는 비중은 결코 작지 않습니다. 루터는 여러 차례 자신의 책에서 음악에 대한 사랑을 표현했습니다. 그는 자신이 음악을 사랑하는 이유를 다섯 가지로 들었는데요. 첫째는 음악이 사람들의 선물이 아닌 하나님의 선물이기에, 둘째는 음악이 마음을 즐겁게 하기에, 셋째는 음악이 마귀를 물리치기에, 넷째는 음악은 순수한 기쁨을 주기에, 다섯째는 음악이 평화의 시간을 지배하기에 중요하다고 말했습니다.

드러커: 루터에게 음악은 단지 취미 정도가 아니라 그의 삶의 일부였던 것 같군요. 제 생각에 루터는 음악을 사랑한 신학자였고 바흐는 신학을 사랑한 음악가였던 것 같습니다. 이왕 루터 이야기가 나왔으니, 루터의 종교 개혁과 관련된 이야기를 더 나누어 주시겠습니까?

본회퍼: 루터와 관련되어서는 워낙 많은 책이 나와 있고 전문가들도 많아서 제가 루터에 관해서 이야기하는 게 얼마나 도움이 될는지 모르겠습니다. 그런데 저는 먼저 루터의

종교 개혁을 그의 이름과 연결해서 살펴보고 싶습니다.

드러커: 루터의 종교 개혁을 그의 이름과 연결한다고요? 루터는 그저 루터 아닙니까?

본회퍼: 그게 그렇지 않습니다. 루터와 그의 아버지는 성이 다르기 때문입니다. 그의 아버지는 성이 루터(Luther)가 아닌 루더(Luder)였습니다. 루터와 루더는 발음이 참으로 비슷하지요?

드러커: 저 역시 독일어가 모국어인지라 루더의 뜻을 잘 알고 있습니다. 루더는 사냥할 때 쓰는 미끼나 썩은 고기를 뜻하지 않습니까? 또는 성적 매력을 흘리는 여성을 가리켜 루더라고 말하기도 하고요. 아무래도 이 단어의 어감이 그리 좋지는 않은 것 같네요.

본회퍼: 방금 말씀하신 것처럼, 고대 독일어에서 루더는 '사냥꾼'을 뜻했습니다. 그런데 루터는 아마도 공부를 시작하면서 자기 가문의 루더라는 성이 그리 마음에 들지 않았던 것 같습니다. 그래서 그는 성을 루더가 아닌 루터로 바꾸었습니다. 루터는 아마도 그리스어 '엘레우테리오

스'(Eleutherios)에서 유래했다고 하는데 이 단어는 '자유인' 혹은 '자유롭게 된 자'를 뜻합니다.

드러커: 루더와 루터…… 발음은 거의 비슷하지만 그 뜻은 전혀 다르네요. 그런데 그의 성이 루더에서 루터가 된 게 종교 개혁과 무슨 상관이 있습니까?

본회퍼: 루터라는 단어에 이미 자유라는 개념이 내포된 것처럼 종교 개혁에서 가장 중요한 가치가 바로 자유이기 때문입니다. 여기서 말하는 자유는 상당히 복합적입니다. 정치 종교적으로는 로마 교황청으로부터의 자유, 문화 사상적으로는 출판의 자유, 루터 개인적으로는 결혼의 자유 등 그는 종교 개혁을 이끌면서 16세기 당대에 그를 옭아맸던 온갖 것으로부터 자유를 선언했습니다. 그리고 그는 실제로 복음 안에서 자유인의 삶을 살아갔습니다. 지금의 기준으로 보면 너무나 당연한 자유이지만, 당시에는 전혀 허락되지 않았던 자유를 그는 지향했던 겁니다.

드러커: 목사님 말씀을 듣다 보니 요한복음에 기록된 "진리가 너희를 자유롭게 하리라"는 말씀이 떠오릅니다. 루터는 성경에서 복음의 진리를 발견해 먼저 자신이 참 자유를 경

험했고, 그 자유를 다른 사람에게 나누어 주기 위해 분투했다고도 볼 수 있겠군요.

본회퍼: 맞습니다. 루터는 1520년에 「그리스도인의 자유」라는 소논문을 써서 자유의 가치를 역설했습니다. "그리스도인은 더할 수 없이 자유로운 만물의 주이며 아무에게도 예속하지 않는다. 그리스도인은 더할 수 없이 충의로운 만물의 종이며 모든 사람에게 예속한다"라고 그는 말했습니다. 그리스도인이 자유로운 존재이지만 동시에 모든 사람을 섬기는 종이라고 말하는 것을 보면, 루터는 사람을 사랑하는 자유 혹은 사람을 섬기는 자유를 중요하게 여긴 종교 개혁가라고 할 수 있습니다. 그러나 저는 루터교의 흑역사를 기억할 때 루터가 말한 자유가 얼마만큼 사회와 교회에 구현되었는지 의구심을 품지 않을 수 없습니다.

드러커: 루터교의 흑역사요? 루터는 성공한 종교 개혁가였고 루터교 역시 비교적 루터의 신학을 잘 계승해서 지금껏 그 교회가 유지되어 온 것 아닙니까?

본회퍼: 물론 그 말씀은 맞습니다. 하지만 엄밀히 말해 루터는 종교 개혁을 성공적으로 이끌기 위해서 독일 귀족들의

권력을 등에 업었습니다. 즉 루터교는 정치권력으로부터 완전히 자유로운 종교가 아닌 태생적으로 정치권력의 비호 속에서 시작되어 성장했다는 겁니다. 당시 루터는 독일 귀족들의 힘이 필요했고, 독일 귀족들은 루터의 신(神)이 필요했죠. 역사적으로 루터교는 다른 권력에 대해서는 단호하게 비판하면서도 독일의 정치권력에 대해서는 같은 태도를 보이지 못했습니다.

드러커: 그렇게 말씀하시니, 독일에서 나치가 집권했을 당시 루터교가 미적지근한 태도를 보였던 게 기억납니다. 제가 독일에 있을 때 루터 교회가 나치를 비판하는 소리를 거의 들어 보지 못했습니다. 히틀러의 막강한 권력 앞에 루터 교회는 굴복했고, 오히려 히틀러의 여러 정책을 교회가 적극적으로 옹호하거나 지지하는 역할을 했죠.

본회퍼: 나치가 집권했을 때 루터 교회는 독일의 정치권력에서 자유로운 종교 기관이 아니었습니다. 나치와 히틀러의 탄압과 박해가 두려웠던 교회는 자신이 마땅히 감당해야 했던 예언자적 사명을 애써 외면했던 것이지요. 그러한 외면이 아우슈비츠라는 대재앙으로 이어지기도 했고요. 안타깝게도 독일 역사에서 루터라는 이름은 종종 정치적으로

오용 또는 남용되었습니다. '루터'라는 이름은 독일인을 하나로 모으는 수단처럼 사용되어 독일 민족주의를 가능하게 했습니다. 독일의 정치권력이 루터라는 이름을 강조할수록 순수 독일인이 아니라고 여겨지는 대상은 독일에서 설 자리를 잃게 되었죠.

드러커: 자유인을 뜻하는 루터의 이름을 내세워 타인의 자유를 억압했다니 참으로 역설적입니다. 독일에서 나치의 홀로코스트를 목도한 신학자 도로테 죌레는 과거를 회상할 때마다 "가스 냄새가 나지 않나요?"라고 스스로 질문했다고 하던데요. 아마도 가스실에서 죽어간 유대인들을 떠올리며 죄책감 가운데 그런 질문을 자신에게 던진 게 아닌가 싶군요.

본회퍼: 도로테 죌레는 저도 잘 압니다. 박사님보다 불과 몇 년 앞서 그녀가 여기 천국에 왔거든요. 그녀가 사용한 "크리스토 파시즘"이란 말은 기독교가 가진 전체주의적 속성에 대한 따끔한 비판이 아니었나 싶습니다. 어찌 되었든 저는 생애 후반부에 나치에 협조적인 독일 제국 교회와 거리를 두고, 고백교회 운동에 적극적으로 가담했습니다. 그와 관련된 책이 바로 『신도의 공동생활』입니다.

드러커:『신도의 공동생활』은 목사님이 쓰신『나를 따르라』,『옥중서신』과 함께 가장 유명한 책 중 하나로 알고 있는데요. 그 책이 고백교회와 어떤 관련이 있습니까?

본회퍼: 저의 교회론에서 가장 중요한 개념은 "공동체로 존재하는 그리스도"와 "타자를 위한 교회"입니다. 복음서에서 예수 그리스도는 철저하게 타자를 위한 삶을 사셨습니다. 그러니 그리스도의 몸인 교회도 교회의 머리 되신 그리스도처럼 타자를 위해 존재해야 마땅합니다. 그런데 1930년대 나치에 협조적인 독일 제국 교회는 제가 보기에 '공동체'와 '타자' 모두를 상실한 상태였습니다. 따라서 저는 고백교회 운동을 통해 '공동체'와 '타자'에 더욱더 관심을 갖는 교회를 세우기 원했습니다.『신도의 공동생활』은 제가 1935년부터 1937년까지 고백교회의 신학생들과 함께 몸소 성찰하고 직접 실천했던 것을 기록한 책입니다.

드러커: 목사님의 "타자를 위한 교회"는 제가 비영리 조직의 사명을 말하면서, 비영리 조직은 사람과 사회의 변혁을 위해 존재한다고 강조했던 지점과 비슷해 보입니다. 교회의 존재 목적이 교회 자체의 유지를 넘어서 교회 너머에 있는 타자의 변혁에 이바지하는 것이 되어야 한다고 저는 믿습

니다. 여타의 비영리 조직과 마찬가지로 말이지요.

본회퍼: 물론 박사님의 교회 이해와 저의 교회론에 유사한 부분이 있겠지만, 저는 아무래도 신학자이다 보니 교회와 예수 그리스도와의 연결성을 더 강조할 수밖에 없습니다. 제 생각에 교회는 오직 예수 그리스도 때문에 타자를 필요로 하고, 교회는 오직 예수 그리스도를 통해서만 타자에게 나아갈 수 있습니다. 따라서 예수 그리스도는 교회가 타자에게 나아갈 수 있게 해 주는 유일한 동기이자 동력입니다. 실상 교회가 아닌 다른 비영리 조직은 예수 그리스도가 아니더라도 자신의 전문성과 재산을 가지고 얼마든지 타자에게 나아갈 수 있고 타자를 도울 수 있습니다. 그러나 교회는 그렇지 않습니다. 교회는 예수 그리스도를 빼고는 타자를 위해서 할 수 있는 게 거의 없습니다. 여타의 비영리 조직과 달리 교회는 철저히 그리스도 의존적, 그리스도 종속적, 그리스도 중심적일 수밖에 없지요.

드러커: 저는 교회를 여러 비영리 조직 중의 하나로 보지만 목사님은 교회를 여러 비영리 조직 중에서도 가장 특수한 공동체로 보는 것 같습니다. 그런데 목사님의 교회론은 유독 공동체에 강조점을 두는 것 같습니다. 교회가 군이 공동

체일 필요가 있을까요? 혼자서도 얼마든지 말씀 묵상, 기도, 찬양, 봉사를 할 수 있는 것 아닙니까?

본회퍼: '교회가 왜 공동체로 존재해야 하느냐'는 박사님의 질문에 어렵고 복잡하게 답변할 수도 있겠지만, 시간 관계상 조금 쉽고 직관적으로 답변해 보겠습니다. 교회가 공동체로 존재해야 하는 이유는 예수 그리스도가 공생애 동안 공동체로 존재했기 때문입니다. 예수 그리스도는 항상 공동체로 지내시면서도 유일하게 홀로 머무실 때가 있었습니다. 언제인가 하면, 홀로 기도하실 때였습니다. 제 생각에 예수님은 제자 공동체 안에 있을 때에도 홀로 있을 수 있었고, 그렇게 홀로 있을 수 있었기에 제자 공동체 안에 있을 수 있었습니다. 예수님은 기도하실 때 철저하게 '신 앞에 선 단독자'이셨지만, 거기에 머무르지 않고 낮은 자의 모습으로 내려가 제자들의 발을 씻기셨습니다. 교회가 왜 공동체로 존재해야 할까요? 예수님이 직접 공동체로 사셨고 예수님이 직접 공동체를 섬기셨기 때문입니다. 교회 공동체는 곧 현존하는 그리스도 자신과 다름없습니다.

드러커: 목사님의 말씀을 듣다 보니, 교회가 공동체적 삶을 살아야 하는 이유는 나중에 천국에서 살아가게 될 공동체

적 삶을 미리 연습하기 위함이 아닌가 하는 생각이 듭니다. 만약 공동체에 속하지 않고 혼자서 하는 신앙생활에 익숙하다면 천상에서 공동체로 살아가는 게 얼마나 어색할까요? 결국 지상의 교회 공동체는 천상의 공동체에서 누리게 될 친밀감을 미리 맛보는 것 아니겠습니까?

본회퍼: 맞습니다. 교회는 전적으로 미래에 속한 종말론적 공동체입니다. 개인의 종말뿐 아니라 이 시대의 종말을, 그리고 새 시대의 도래를 믿음과 소망과 사랑으로 준비하는 공동체인 것이죠. 세상에서 교회는 종종 실패하는 것처럼 보이지만 절대로 실패하지 않을 겁니다. 어느 시점에서 보면 교회가 망하는 것 같지만 절대로 망하지 않을 겁니다. 교회는 사람의 것이 아니라 오직 예수님의 것이기 때문입니다. 저는 확신합니다. 결국에는 교회가 승리할 거라고 말입니다. 교회의 머리 되신 예수 그리스도가 십자가와 부활로 이미 승리하셨으니까요.

드러커: 아멘, 아멘. 목사님의 말씀에 아멘이 절로 나옵니다. 오늘의 대화를 마무리하며 이 말씀만은 꼭 드리고 싶습니다. 지난 며칠간 목사님과 대화를 나누면서 저의 지난 과거를 정리할 수 있었고 이곳 천국에서의 생활을 기대하게 되

었습니다. 도와주셔서 진심으로 감사드립니다. 목사님과의 천상 대담은 제게 참으로 예기치 못한 기쁨이었습니다.

본회퍼: 저야말로 박사님과 대화하는 이 시간이 더할 나위 없이 즐거웠습니다. 박사님과의 대화를 통해 제가 잘 몰랐던 분야에 대해 새롭게 배우는 기쁨이 있었습니다. 그건 그렇고 이번 주일에 상투스 도미누스 교회에 오시는 거죠? 예배 때 새 친구 환영 시간이 있습니다.

드러커: 그럼요. 저도 전해 들어 알고 있습니다. 주일에 교회에서 뵙지요. 헤어지기 전에 제가 마지막으로 한마디 덧붙여도 될까요?

본회퍼: 어떤 말씀이신지……?

드러커: 앞으로 '회퍼 형님'이라고 불러도 될까요? 형님과 더 친하게 지내고 싶습니다.

본회퍼: 하하하. 그러세요, 박사님. 부르고 싶으신 대로 편하게 부르시죠. 그러면 저도 편하게 '피터'라고 부르겠습니다. 주일에 상투스 도미누스 교회 문 앞에서 오전 11시에 만

나도록 합시다. 안내는 내가 맡을 테니 피터는 나를 따르세요.

커튼콜

2005년 11월 17일 오전 10시, 살롱 드 엠피레오에서 틸리히가 에스프레소 콘파냐를 마시며 신문을 보고 있다. 실내에는 첼리스트 재클린 뒤 프레가 연주하는 엘가의 '사랑의 인사'가 울려 퍼진다. 드러커는 틸리히가 먼저 도착해 기다리고 있는 것을 확인하고 그에게 다가가 인사한다.

드러커: 틸리히 교수님! 먼저 와 계셨군요.

틸리히: 오, 드러커 박사. 어서 오게. 어제는 주일이라 신문이 안 오지 않았나. 그래서 주말에 저 지구에 무슨 일이 있었는지 궁금해 신문을 잠시 보고 있었네.

드러커: 뭐 특별한 기사라도 있습니까?

틸리히: 뭐, 해 아래 특별한 게 있겠나? 그런데 신문에서 여전히 자네의 업적을 기리고 있고 자네를 그리워하는 사람들이 있는 걸 보니 자네의 삶이 그리 헛되지 않았던 것 같네.

드러커: 어이쿠, 어찌 교수님께 비할 수 있겠습니까? 그런데 어제 교회에서 교수님을 못 뵌 것 같습니다. 칼 바르트 목사님이 설교하셨는데요.

틸리히: 어, 그래서 안 갔어. 바르트 목사가 설교한다고 하니 가고 싶지 않더라고. 바르트 목사의 설교는 늘 계시를 강조하며 비슷한 이야기를 반복하는 경향이 있어서 나는 그다지 좋아하지 않아. 어제는 홀로 예배드리며 고독한 시간을 가졌지.

드러커: 그러셨군요. 저는 교회에 가면 교수님을 뵐 줄 알았는데, 교수님이 안 계셔서 의아했습니다. 예배 후 교회에서 돌아와 잠시 쉬고 있는데 마침 교수님에게서 전화가 온 겁니다. 제게 또 소개해 줄 사람이 있으시다고요?

틸리히: 그래. 지난주에 본회퍼 목사와의 대화는 잘 진행되었지? 본회퍼 목사가 자신에게 드러커 박사를 소개해 줘서 정말 고맙다고 하더군. 앞으로도 본회퍼 목사와 친하게 지내게. 오늘 소개해 주고픈 사람은 자네도 익히 아는 사람이야.

드러커: 아, 그런가요? 누구시죠?

틸리히: 잠깐만 기다리게. 어, 저기 윈스턴 처칠 총리께서 오고 계시네! 먼저 인사드리게!

드러커: 처칠 총리님이라고요? 총리님, 안녕하십니까! 정말 오랜만입니다.

윈스턴 처칠(이하 처칠): 오, 드러커 박사! 오랜만이야. 최근에 이곳에 왔다는 소식은 틸리히 교수로부터 전해 들었네. 참으로 반갑구먼. 틸리히 교수 덕분에 이렇게 드러커 박사를 빨리 만나게 되었군.

틸리히: 총리님이 전부터 드러커 박사를 만나고 싶다고 말씀하지 않으셨습니까? 저는 그저 둘 사이에 다리를 놓을 따름

입니다.

처칠: 매우 고맙네. 드러커 박사, 이게 도대체 얼마 만이지? 우리가 처음 알게 된 게 자네가 1937년에 쓴 『경제인의 종말』이란 책을 내가 읽고 추천하면서였지?

드러커: 네, 맞습니다. 당시 저의 첫 책인 『경제인의 종말』을 총리님이 읽고 큰 감명을 받으셔서 주변 지인들에게 필독서로 나누어 주셨다고 하셨지요?

처칠: 그러고말고. 사실 그즈음에 유럽이 파시즘, 전체주의, 공산주의 등으로 혼란스러운 때였는데 나는 자네의 책에서 새로운 사회가 도래하는 비전을 발견했다네. 그리고 자네는 영국에서 미국으로 건너가 자네의 비전을 마음껏 펼쳤다지? 나는 자네가 아주 자랑스럽다네. 자네를 알아본 내 안목도 감탄스럽고.

드러커: 총리님의 안목이야 더 말해 뭐합니까? 제가 작가로서 자리 잡을 수 있도록 물심양면으로 도와준 총리님의 은혜를 제가 어찌 잊겠습니까?

틸리히: 이렇게 둘이 상봉하는 것을 직접 보니 참으로 감동적이네요. 이 상봉을 주선한 저 자신을 칭찬하고 싶을 정도입니다. 그런데 여기 살롱 드 엠피레오는 '1인 1메뉴'여서 저 말고 여러분 모두 한 잔씩 주문해야 합니다. 다들 어떤 걸로 드시겠습니까? 음료 한 잔씩 마시면서 이야기를 마저 나눠 볼까요?

틸리히가 계산대로 주문을 하러 간 사이에 재클린 뒤 프레는 처칠을 발견하고 가볍게 눈인사한다. 이어서 그녀는 영국의 국가인 '갓 세이브 더 퀸'을 장엄하게 연주한다. 처칠과 드러커는 잠시 대화를 멈추고 그녀의 연주를 잠잠히 듣는다. 그녀가 연주하는 동안에 무대 천장의 열린 돔을 통해 여러 갈래의 빛이 들어와 살롱 드 엠피레오를 포근하게 감싸 안는다. 같은 음악을 들으며 드러커는 찬송가 '피난처 있으니'를 떠올리고, 처칠은 제2차 세계대전 승전일을 떠올리며 남몰래 흐르는 눈물을 닦는다.

등장인물 소개

폴 틸리히 Paul Tillich, 1886-1965

독일 출신의 철학자이자 신학자입니다. 틸리히는 1886년 8월 20
일에 독일 브란델베르크 지방 슈타르체텔에서 출생했습니다. 그
는 어린 시절부터 철학과 신학 양쪽에 깊은 관심을 가졌습니다. 그
래서 1910년에 브레슬라우 대학에서 철학 박사 학위를 취득하고,
1912년에는 할레 대학에서 신학 박사 학위를 받았습니다. 학위를
얻고 나서는 전도사와 목사로서 목회의 최전선에 뛰어들기도 했습
니다. 독일 학계에서 탁월한 학문성을 인정받아 일찍부터 마부르
크 대학, 라이프치히 대학, 프랑크푸르트 대학에서 교수로 재직했
습니다.

하지만 1933년에 아돌프 히틀러가 독일 수상에 선출되고 나서부터 틸리히는 신앙의 양심에 입각해 히틀러와 대립각을 세우게 됩니다. 그 결과 히틀러와 나치 정권의 탄압으로 그는 독일에서 교수직을 잃게 되는데 마침 라인홀드 니버의 초청을 받아 미국으로 이주하게 됩니다. 이를 기점으로 틸리히는 인생의 후반전을 미국에서 새로 시작하여 1933년부터 1955년까지 뉴욕에 있는 유니언 신학교에서 가르치다가 은퇴했습니다. 은퇴 후 1955년부터 1962년까지 하버드 대학교 명예교수를 지냈고, 1962년부터 1965년 사망할 때까지는 시카고 대학교 석좌교수로 재임하기도 했습니다.

아마도 틸리히의 신학에서 가장 중요한 키워드는 '매개' (mediation)와 '대답'(answering)이 아닐까 싶습니다. 그는 1948년에 쓴 『프로테스탄트 시대』 서문에서 "신학의 과제는 매개이다"라고 말하며, 서로 멀어진 것을 다시 이어 주고 연결하는 게 신학자의 임무라고 강조했습니다. 또한 그는 『조직신학』 서문을 "물음에 대답하도록 돕는 것, 이것이 바로 나의 조직신학의 근본적 목적이다"라는 말로 마무리 지었습니다. 그는 시대의 질문에 귀를 기울이며 자신의 모든 지성을 다해 그 질문에 대답하고자 노력했습니다.

틸리히는 독일과 미국을 넘나들며 수많은 책을 집필했는데요. 그의 자전적 이야기를 듣고 싶다면 2018년에 번역 출간된 『경계선 위에서』를 읽어 보면 좋고, 틸리히 신학의 진수를 맛보고 싶다면 그의 대표작인 『폴 틸리히 조직신학』을 추천합니다.

디트리히 본회퍼 Dietrich Bonhoeffer, 1906-1945

독일 출신의 루터교 목사입니다. 비교적 유복한 가정 환경에서 자라난 본회퍼는 17세에 튀빙겐 대학교에 입학하고, 21세의 나이에 「성도의 교제」라는 논문으로 베를린 대학교에서 신학 박사 학위를 받았습니다. 25세에 목사 안수를 받고 교회와 신학교에서 다방면으로 활동했습니다.

본회퍼의 인생에 먹구름이 끼기 시작한 것은 1933년 1월 30일 아돌프 히틀러가 독일 수상에 선출되고부터입니다. 독일인의 민족주의를 자극하며 인기를 얻은 히틀러의 등장은 본회퍼의 생애와 신학에 큰 영향을 미쳤습니다. 히틀러를 마치 독일의 구원자인 양 여기는 교회와 사회의 열광적인 분위기 속에서 본회퍼는 오직 신약 성경의 예수만이 구원자임을 고백했고 그렇게 가르쳤습니다. 그의 이러한 신앙고백을 공유한 교회가 바로 '고백교회'였는데요. 고백교회는 자체적으로 목회자를 양성하기 위해 핑켄발데 신학원을 설립했습니다. 1935년에 본회퍼는 이 신학원의 책임자가 되어 사명감을 가지고 신학생을 교육했습니다. 신학원에서의 경험과 통찰이 『신도의 공동생활』에 깊이 배어 있습니다.

본회퍼의 이러한 저항에도 불구하고 히틀러가 통치하는 나치 독일의 사회적 여건은 갈수록 악화되었습니다. 나치 독일은 유대인을 심하게 박해했고 급기야 제2차 세계대전을 일으켰습니다. 이후 본회퍼는 히틀러 암살 계획에 비밀리에 가담했는데, 이 계획이 나치에 발각되어 1943년 4월 5일에 긴급 체포됩니다. 감옥에 수감된 본회퍼는 열악한 환경에서도 묵상과 집필을 멈추지 않았습니다. 그러던 중 1945년 4월 9일 그는 플로센뷔르크 강제 수용소에서 교수형에 처해집니다. "죽음은 끝이 아니라 영원한 삶의 시작입니다"라는 유언을 남기고 말입니다. 그의 유언처럼 제2차 세계대전 후 그가 남긴 주옥같은 작품들은 세계 곳곳에 소개되고 알려져 큰 사랑을 받았고 본회퍼 사상의 새로운 시작을 알렸습니다.

본회퍼의 여러 작품 중에서 가장 유명한 책은 1937년에 출간된『나를 따르라』입니다. 산상수훈 강해서라고 할 수 있는 이 책은 국내에 여러 차례 번역 출간되어 호평을 받았습니다. 본회퍼의 생애를 자세히 알고 싶은 독자는 그의 제자인 에버하르트 베트게가 집필한 평전인『디트리히 본회퍼: 신학자-그리스도인-동시대인』을 읽어 볼 것을 권합니다. 이 책은 지금까지 출간된 가장 신뢰할 만한 본회퍼 전기로 손꼽힙니다. 본회퍼가 살았던 시대의 분위기를 파악하고 싶다면『역사의 그늘에 서서』라는 책을 추천합니다. 이 책은 히틀러 치하 독일 신학자들의 설교를 한 권에 모았는데, 이 책에서 본회퍼의 설교는 물론이고 칼 바르트와 루돌프 볼트만 등의 설교도 만날 수 있습니다.

피터 드러커 Peter Drucker, 1909-2005

오스트리아 출신의 세계적인 경영학자입니다. 그를 가리켜 "경영학의 아버지"라고 부르는데, 이는 그가 현대 경영학을 창시한 학자로 평가받기 때문입니다. 그는 1909년 11월 오스트리아 빈에서 태어났습니다. 흔히 빈을 가리켜 "음악의 도시"라고 부르지만, 당시 빈은 유럽에서 음악뿐 아니라 정치, 경제, 사회, 문화의 중심지라고 할 수 있었습니다. 피터 드러커는 어릴 적부터 예술 친화적인 환경에서 성장했기에 그에게 예술은 취미 이상의 것이었습니다.

본회퍼와 동시대에 살았던 피터 드러커는 본회퍼가 겪었던 시대의 아픔을 비슷하게 경험했습니다. 세계대전이 발발한 유럽 본토에서 그는 삶의 터전을 잡지 못하고 빈을 떠나 함부르크, 프랑크푸르트, 런던을 거쳐 1937년에는 미국으로 건너가 남은 생을 그곳에서 살았습니다. 1939년 첫 책인 『경제인의 종말』을 출간했고 그 후로 경영 컨설턴트이자 경영 전문가로서 화려한 이력을 쌓았습니다.

피터 드러커는 1971년부터 캘리포니아주에 위치한 클레어몬트 대학의 피터 드러커 경영대학원에서 경영학과 사회과학을 가르쳤습니다. 2005년 11월 11일, 96세를 일기로 세상을 떠나기까지 '지성의 거인'으로서 다양한 학문 분야를 섭렵하고 방대한 저서를 집필했습니다. 그의 통찰력 있는 어록은 지금까지도 사람들 사이에 많이 회자되고 있습니다. 그는 "미래를 예측하는 가장 최선의 방법은 미래를 스스로 창조하는 것이다"라고 하여 미래를 수동적으로 기다리기보다 적극적으로 만들어 가라고 주변 사람들을 격려했습니다.

피터 드러커는 평생 동안 30권이 넘는 저작을 남겼으며 지금까지도 그와 관련된 책이 다수 출판되고 있습니다. 아마도 국내에서 가장 많이 팔린 드러커의 책은 『프로페셔널의 조건』이 아닐까 싶은데요. 2001년에 소개된 뒤로 지금까지 20년이 넘도록 독자들의 사랑을 받고 있습니다. 피터 드러커는 기업과 같은 영리 단체뿐 아니라 교회, 학교, 병원 같은 비영리 단체의 운영에 대해서도 많은 관심을 가졌는데, 그가 쓴 『비영리 단체의 경영』은 비영리 단체를 이끄는 리더라면 꼭 읽어 볼 만한 가치가 있는 책입니다. 일본은 우리나라보다 이른 시기에 피터 드러커의 사상을 창조적으로 수용한 편입니다. 이와사키 나쓰미가 집필한 『만약 고교 야구 여자 매니저가 피터 드러커를 읽는다면』과 야마기시 쥰코가 쓴 『피터 드러커와 오케스트라 조직론』은 피터 드러커의 사상을 스포츠와 클래식 음악에 참신하게 접목한 흥미로운 책입니다.

연주 음악 소개

 이 책 『교회 교향곡』의 4악장 구조는 루트비히 판 베토벤(1770-1827)의 〈교향곡 제7번〉이 결정적인 모티브가 되었습니다. 비록 이 책의 텍스트에 베토벤의 〈교향곡 제7번〉이 단 한 차례도 언급되지는 않지만, 『교회 교향곡』의 보이지 않는 뿌리에는 베토벤의 이 교향곡이 자리 잡고 있습니다. 〈교향곡 제7번〉은 1813년 12월 8일에 오스트리아의 빈에서 초연되었는데, 당시 지휘자가 베토벤이었다고 전해집니다. 2악장(알레그레토)을 제외하고 시종 경쾌한 느낌인 〈교향곡 제7번〉을 가리켜 바그너는 "춤의 신격화"라고 평가했습니다. 초연 이후 210년이 지난 지금까지도 수많은 오케스트라에서 자주 연주되고 있습니다.

지난 2020년 제17회 평창대관령음악제에서 평창 페스티벌 오케스트라가 이 곡을 아름답게 연주하기도 했습니다. 당시 평창대관령음악제의 주제는 '천상'(Ellysium)이었습니다. 코로나19가 절정이었을 때 평창 하늘에 울린 천상의 심포니는 우리에게 여전히 최상의 희망을 선사합니다.

 '트로이메라이'는 로베르트 슈만(1810-1856)이 작곡한 피아노 곡 소품집 〈어린이 정경〉 중 7번째 곡으로 지금도 공연장에서 자주 연주되는 곡입니다. 트로이메라이는 독일어로 꿈, 환상, 공상을 의미합니다. '트로이메라이'가 많은 사람에게 사랑받는 이유는 그 특유의 몽환성과 낭만적 분위기 때문이 아닐까 싶은데요. 2020년에 SBS에서 방영된 드라마 〈브람스를 좋아하세요?〉에서는 이 곡이 드라마의 주인공이 아닐까 싶을 정도로 배경 음악으로 자주 나왔습니다. 여러 연주 중 러시아 출신의 블라디미르 호로비츠(1903-1989)가 모스크바 공연에서 마지막으로 연주한 버전을 추천합니다.

 볼프강 아마데우스 모차르트(1756-1791)가 작곡한 **〈클라리넷 협주곡〉** 2악장은 아마도 클라리넷 협주곡 중에서 가장 유명한 악장이 아닐까 싶습니다. 목관 악기에 속하는 클라리넷은 독주 악기로는 흔히 만날 수 있는 악기가 아니지만 이 클라리넷 협주곡에서만큼은 그 어떤 악기보다 아름다운 음색을 자랑합니다. 〈클라리넷 협주곡〉 2악장은 영화 〈아웃 오브 아프리카〉의 OST에 삽입되기도 했는데요. 아프리카의 광활한 대초원과 너무도 잘 어울려 모차르트가 마치 이 영화를 위해 이 곡을 작곡한 게 아닐까 싶은 생각이 들 정도입니다. 김한의 감미로운 클라리넷 연주로 이 명곡을 한번 들어 보시면 어떨까요.

 프란츠 리스트(1811-1886)가 작곡한 **'단테를 읽고, 소나타 풍의 판타지'**는 리스트의 〈순례의 해 2년, 이탈리아〉의 7번째 곡입니다. 프란츠 리스트와 프레데릭 쇼팽(1810-1849)은 피아노계의 양대 산맥이라고 할 수 있는데요. 쇼팽이 "피아노의 시인"이라는 별명답게 감성적인 피아노 곡을 많이 작곡했다면, 당시 열혈 팬이 많았던 리스트는 "초절 기교"라는 어려운 피아노 곡을 많이 썼습니다. 현재 우리나라의 대표적인 쇼팽 연주자는 지난 2015년 쇼팽 콩쿠르에서 우승한 조성진 피아니스트로 알려져 있습니다. 그리고 대표적인 리스트 연주자로는 지난 2022년 반 클라이번 콩쿠르에서 우승한 임윤찬 피아니스트가 있습니다. 임윤찬은 리스트의 '단테를 읽고, 소나타 풍의 판타지'를 제대로 이해하고 연주하고자 실제로 단테의 『신곡』을 여러 번 읽었다고 합니다. 임윤찬이 『신곡』의 지옥과 연옥과 천국을 피아노로 어떻게 묘사했는지 기대감을 갖고 한번 들어 보시죠.

 구스타프 말러(1860-1911)가 작곡한 **'블루미네'**는 원래 말러의 1번 교향곡에 삽입되었던 곡입니다. 그러나 말러는 이 곡이 전체 교향곡의 구성과 어울리지 않는다고 생각했는지 1번 교향곡의 최종본에서는 뺐습니다. 이렇게 이 곡은 역사의 저편으로 사라질 수도 있었지만 특유의 잔잔한 감성을 좋아하는 사람들 덕분에 지금도 종종 연주되어 음반에 삽입되기도 합니다. 다니엘 하딩이 지휘한 말러 챔버 오케스트라의 연주로 '블루미네'의 감성에 푹 빠져 보십시오.

 요한 제바스티안 바흐(1685-1750)의 **'예수, 인간 소망의 기쁨'**은 바흐의 칸타타 〈마음과 입과 행동과 생명으로〉에 수록된 합창곡을 기악곡으로 편곡한 작품입니다. '예수, 인간 소망의 기쁨'은 워낙 유명한 작품인지라 방송에서 배경 음악이나 시그널 송으로 종종 사용됩니다. 지난 2022년 가을, 개교 30주년을 맞은 한국예술종합학교에서 현재 제9대 총장으로 있는 김대진이 이 곡을 직접 연주하여 사람들에게 큰 감동을 선사했습니다. 손열음, 박재홍, 임윤찬의 피아노 스승이 연주하는 '예수, 인간 소망의 기쁨'을 마음으로 들어 보세요.

 영국의 음악가 에드워드 엘가(1857-1934)가 작곡한 **'사랑의 인사'**는 엘가가 자신의 약혼녀 캐롤라인 앨리스 로버츠에게 헌정한 곡입니다. 이 곡의 단순하면서도 서정적인 멜로디는 대중 가요에서도 종종 만날 수 있습니다. 클래식 음악에 익숙하지 않은 사람도 어디선가 한번은 그 멜로디를 들어 봤을 겁니다. '사랑의 인사'는 여태껏 다양한 편곡과 편성으로 연주되었는데요. 한국이 낳은 세계적인 첼리스트 심준호의 연주로 '사랑의 인사'를 한번 들어보시길 권합니다.

영국의 국가인 '**갓 세이브 더 퀸**'은 영국의 국가 행사 때 반드시 연주되는 곡입니다. 일반적으로 여왕이 통치할 때는 "갓 세이브 더 퀸"으로 부르고, 왕이 통치할 때는 "갓 세이브 더 킹"으로 부른다고 합니다. 2022년에 엘리자베스 2세가 서거하며 그의 아들 찰스가 왕위를 승계했는데, 2023년 5월 6일 웨스트민스터 사원에서 열린 찰스 3세의 대관식 마지막 순서 때 모두 기립하여 "갓 세이브 더 킹"을 불렀습니다. 그 노랫소리가 울려 퍼지는 가운데 새로 왕이 된 찰스 3세가 위풍당당하게 행진했습니다.

교회 교향곡

본회퍼×드러커, 교회를 말하다

초판 1쇄 인쇄 2024년 5월 10일
초판 1쇄 발행 2024년 5월 20일

지은이 황재혁
펴낸이 박명준

편집 박명준   펴낸곳 바람이 불어오는 곳
제작 공간   출판등록 2013년 4월 1일 제2013-000024호
                   주소 03041 서울 종로구 자하문로 5, 5층
                   전자우편 bombaram.book@gmail.com
                   문의전화 010-6353-9330 팩스 050-4323-9330
                   홈페이지 bombarambook.com

독자 일독 김성열 김현지 박미내 이광하 임수민

ⓒ 황재혁, 2024
ISBN 979-11-91887-20-4 03230

바람이불어오는곳 은
삶의 여정을 담은 즐거운 책을 만듭니다.

🅵 🅾 bombaram.book

피터 드러커 Peter F. Drucker, 1909~2005
———————

현대 경영학을 창시한 "경영학의 아버지"로 평가받는
오스트리아 출신의 미국 학자, 작가.
『매니지먼트』,『비영리 단체의 경영』,『프로페셔널의 조건』
"미래를 예측하는 최선의 방법은 미래를 스스로 창조하는 것이다."